PREMIÈRE PARTIE

QUESTIONS DE DROIT

ET

JURISPRUDENCE.

Servitudes. — Mur d'église. — Mitoyenneté. — Changement de destination de l'édifice.

Aux termes de l'article 661 du Code Napoléon, tout propriétaire joignant un mur a la faculté de le rendre mitoyen en tout ou en partie, en remboursant au maître du mur la moitié de sa valeur, ou la moitié de la valeur de la portion qu'il veut rendre mitoyenne, et moitié de la valeur du sol sur lequel le mur est bâti. Si on interprétait littéralement cette disposition, on serait conduit à décider qu'il peut en être ainsi pour toute espèce de mur. Mais il faut bien se garder de donner un sens aussi général à ce texte, sous peine de tomber dans l'erreur. Ainsi, les murs des églises, des chapelles échappent à la faculté concédée par l'article 661, et cela, parce que ces édifices sont placés *hors du commerce*. « La religion et les lois civiles qui s'y con-
« forment, nous dit Domat dans ses *Lois civiles*,
« livre préliminaire, titre III, section 2, § 2, dis-
« tinguent les choses qui sont destinées au culte
« divin de toutes les autres. Et parmi celles qui
« servent à ce culte, on distingue les choses sacrées
« comme sont les églises et les vases sacrés, et les

« choses saintes et bénites comme les cimetières,
« les ornements, les oblations et autres choses dé-
« diées au service divin. *Et toutes ces sortes de*
« *choses sont hors du commerce, pendant qu'elles*
« *demeurent dans ce service.* » M. Demolombe,
dans son *Traité des Servitudes ou Services fon-
ciers,* page 396, n°ˢ 355 et 356, s'exprime de
la manière suivante : « Le texte de l'article 661
« est général, et, par conséquent, il s'applique à
« toute espèce de murs, soit qu'ils soutiennent un
« bâtiment, soit qu'ils servent seulement de clô-
« ture... — Il est bien entendu toutefois, qu'il ne
« s'agit point ici des murs qui sont placés hors du
« commerce comme faisant partie des édifices pu-
« blics et ne sont pas susceptibles de propriété
« privée, tels, par exemple, que ceux d'une
« prison ou d'une église tant que dure cette des-
« tination. »

Si nous remontons à la législation romaine, nous
trouvons la consécration de ce que nous venons
de dire, touchant la mise hors du commerce des
églises et autres édifices consacrés au culte. Nous
rencontrons également la prohibition de construire
contre un édifice public. En effet, d'une part, le
paragraphe 8, du livre II des Institutes de
Justinien nous dit : « *Sacræ res sunt, quæ rite et*

per pontifices Deo consecratæ sunt, veluti ædes sa-
cræ et donaria quæ rite ad ministerium Dei dedi-
cata sunt. Quæ etiam per nostram constitutionem
ALIENARI ET OBLIGARI PROHIBUIMUS, *excepta causa re-*
demptionis captivorum (1). » D'autre part, la loi 9
au Code, *De ædificiis privatis*, prescrivait à celui
qui voulait construire sur son terrain joignant un
édifice public, de laisser entre sa construction et
cet édifice un intervalle de quinze pieds, afin, dit
le texte, de préserver de tout accident les bâtiments
publics : « *Si cui loci proprietas ædificandi juxta*
publicas ædes animum dederit, is quindecim pe-

(1) Voici le texte de cette constitution qui forme la loi 21 au Code
de Justinien, liv. Ier, tit. 11; elle fut adressée par ce prince à Démo-
sthène, préfet du prétoire, en l'année 528 : — « *Sancimus, nemini*
licere, sacratissima atque arcana vasa, vel vestes, cæteraque donaria,
quæ ad divinam religionem necessaria sunt (cum etiam veteres leges
ea, quæ juris divini sunt, humanis nexibus non illigari sanxerint),
vel ad venditionem, vel hypothecam, vel pignus trahere : sed ab his,
qui hæc suscipere ausi fuerint, modis omnibus vindicari tam per re-
ligiosissimos episcopos, quam per œconomos, necnon et sacrorum
vasorum custodes : nulla eis actione relinquenda, vel super recipiendo
pretio, vel fœnore exigendo, pro quo res pignoratæ sunt ; sed omnibus
hujusmodi actionibus respuendis, ad restitutionem eorum omnibus
modis coarctari : sin autem vel conflata sunt, vel fuerint, vel alio
modo immutata vel dispersa : nihilominus vel ad ipsa corpora, vel
ad ipsa pretia eorum exactionem competere sive per in reum, sive
per condictionem, sive per in factum actionem : cujus tenor in multis,
et variis juris articulis sæpe est admissus : excepta videlicet causa
captivitatis, et famis in locis his, in quibus hoc (quod abominamur)
contigerit : nam si necessitas fuerit in redemptionem captivorum, tunc
et venditionem præfatarum rerum divinarum, et hypothecam, et
pignorationes fieri concedimus : quoniam non absurdum est, animas
hominum quibuscumque vasis, vel vestimentis præferri. Hoc obtinente
non solum in futuris negotiis, sed etiam in judiciis pendentibus. »

dum spatio interjecto inter publica ac privata œdi-
ficia, ita sibi noverit fabricandum, ut tali inter-
vallo, et publicœ œdes a periculo vindicentur, et
privatus œdificator vel perperam fabricato loco,
destructionis : quandoque futurœ non timeat detri-
mentum. »

Dans notre ancien droit, le même principe était admis. On peut, du reste, s'en convaincre en consultant Bourjon, *Droit commun de la France*, tome II, page 26 ; Despeysses, tome V, page 156, et Serres, page 115.

Aujourd'hui encore, la solution de nos anciens auteurs doit être adoptée. Elle a été consacrée par un arrêt de la Cour de Toulouse du 13 mai 1831, à la suite d'un jugement rendu par le Tribunal civil de Muret. Voici la teneur de ces deux décisions :

Le Tribunal :

« Attendu que, s'il est vrai que l'article 661 est général
» dans sa disposition, et ne distingue pas le propriétaire
» joignant un mur dépendant d'un édifice public, qui est
» hors du commerce, et, par conséquent, non susceptible
» d'une propriété privée, il n'en est pas moins vrai que,
» si on consulte l'ancienne jurisprudence et plusieurs
» autres dispositions du Code civil, l'on voit que cette

» distinction, fondée d'ailleurs sur l'intérêt général qui
» l'a toujours emporté sur l'intérêt privé, a été formelle-
» ment consacrée; que c'est ce qui résulte de la loi 9, au
» Code, *De ædificiis privatis*, où l'on voit que, si quel-
» qu'un est dans l'intention de bâtir sur son terrain limi-
» trophe de quelque édifice public, il lui est enjoint de
» laisser un espace de quinze pieds entre son bâtiment et
» l'édifice public; ce qui a été ainsi établi pour préserver
» du danger les maisons publiques; que ce principe
» se trouve retracé dans Desgodets, sur l'article 195 de la
» coutume de Paris, où l'on voit qu'il y est dit qu'à l'égard
» des églises et chapelles publiques, il n'est pas permis
» d'élever des édifices ou murs qui en chassent la lu-
» mière, parce que l'intérêt d'un particulier doit céder au
» bien public et à la bienséance qu'on doit au temple du
» Seigneur; que c'est ce qu'enseignent tous les auteurs
» anciens, notamment Serres, p. 115; Despeysses, t. V,
» p. 156; Domat, *Lois civiles*, liv. I, p. 14, et, enfin,
» Bourjon, dans le *Droit commun de la France*, t. II,
» p. 26; il résulte donc bien incontestablement de tous
» ces principes, que les édifices publics étaient considérés
» comme hors de commerce, et, par conséquent, comme
» non susceptibles d'une propriété privée;

» Attendu que ces principes sont aussi consacrés par
» la loi nouvelle, où l'on voit, en effet, qu'avant de passer
» au titre des servitudes, le législateur distingue, dans les
» articles 537 et suivants, les biens qui appartiennent aux

» particuliers et ceux qui appartiennent à l'État, ou aux
» communes, ou à des établissements publics ; que, rela-
» tivement à ces derniers biens, la loi distingue encore
» ceux qui sont susceptibles d'une propriété privée de
» ceux qui ne le sont pas ; que cette distinction résulte
» clairement des articles 2226 et 2227, où l'on voit, par le
» dernier, que l'État, les communes et les établissements
» publics sont soumis aux mêmes prescriptions que les
» particuliers ; mais qu'il faut pour cela, aux termes du
» premier, que leurs biens soient dans le commerce ; qu'il
» suit de ces deux articles qu'il n'y a que les biens qui
» sont dans le commerce qui puissent devenir une pro-
» priété privée, et, par conséquent, qui soient soumis à
» toutes les règles prescrites par les diverses lois pour ces
» sortes de biens ; mais que ceux qui sont hors du com-
» merce ne peuvent point devenir une propriété privée,
» et ne peuvent point être l'objet de conventions, ainsi
» que le portent les articles 1528 et 1598 C. civ. ;

» Attendu que ce point de droit, une fois établi, il est
» aisé de reconnaître que, si le mur dont Delhom veut ac-
» quérir la mitoyenneté fait partie d'un édifice public qui
» soit dans le commerce, le susdit article ne pourra point
» recevoir application ;

» Attendu que, de tous les temps, une chapelle destinée
» au service public du culte a été considérée comme hors
» du commerce ; que l'on range, en effet, dans la classe
» des choses qui sont hors du commerce celles qui, par

» leur nature ou par leur destination, ne sont pas suscep-
» tibles d'une propriété privée, ainsi que cela résulte de
» la doctrine de M. Toullier et d'un arrêt de la Cour de
» cassation ; qu'il faut donc décider qu'un particulier ne
» peut pas acquérir la mitoyenncté du mur d'une église,
» construite contre ce mur, et fermer de cette manière
» les jours d'un édifice public ; qu'ainsi, Delhom est mal
» fondé dans sa demande ;

» Par ces motifs,

» Condamne ledit Delhom, etc.....

Du 3 décembre 1829 ; — Tribunal civil de Muret.

La Cour :

« Considérant qu'il est de principe, relativement aux
» choses hors du commerce, aux lois et aux règlements
» qui en règlent la destination, que les églises et autres
» édifices publics ne peuvent pas être grevés des servi-
» tudes que la loi autorise de particulier à particulier ;
» que, sur ce point, les motifs dés premiers juges sont
» justes, et méritent d'être consacrés ; que le traité du
» 12 juin 1811 n'était pas sans doute obligatoire, puis-
» qu'il est infecté d'un vice radical, mais que, néanmoins,
» ce traité par lequel Delhom a acquis le droit d'étendre
» et d'élever des bâtiments adossés à la chapelle dont il
» s'agit, qu'il possédait depuis longtemps par lui ou par
» ses auteurs, a reçu son exécution pendant dix ans ; que,

» dès lors, il apparaît que les constructions faites par
» Delhom n'incommodaient pas, puisqu'elles ont été aussi
» longtemps tolérées; que, par ces motifs seulement, il est
» convenable de les laisser subsister, sans que, sous au-
» cune espèce de prétexte, il puisse aujourd'hui les étendre
» ou les modifier, ainsi qu'il le reconnaît lui-même;

   » Réforme quant à ce;

   » Maintient, dans le surplus de son contenu, le juge-
» ment du tribunal de Muret, etc...... »

Du 13 mai 1831. — Cour de Toulouse.

Mais lorsque l'église a changé de destination, c'est-à-dire lorsqu'elle a cessé d'être placée hors du commerce, l'article 661 doit reprendre son empire : le propriétaire voisin peut acquérir la mitoyenneté, sans qu'on puisse invoquer contre lui l'ancienne destination de l'édifice. Ce serait en vain qu'on prétendrait que l'interdiction primitive qui s'opposait à la cession de cette mitoyenneté, a constitué *ab initio* au profit de l'église une servitude, un droit réel qui s'y est incorporé et qui est passé avec elle dans les mains du tiers acquéreur. Une semblable prétention ne nous paraîtrait pas soutenable. Selon nous, l'édifice, en perdant sa destination première, s'est trouvé dépouillé de tous les droits privilegiés que lui conférait cette destination ; il est rentré dans la classe des biens qui ne se trouvent pas placés hors du commerce, et, à ce titre, il est susceptible de toutes les modifications dont ces derniers peuvent être l'objet; par conséquent, l'article 661 devient applicable.

Dans un arrêt du 13 août 1835, la Cour de Montpellier a adopté la première opinion ; mais sa décision a été cassée par un arrêt de la Cour suprême du 5 décembre 1838, lequel a admis l'application de notre article 661. Voici le texte de ces arrêts :

1° ARRÊT DE LA COUR DE MONTPELLIER

La Cour :

« Considérant qu'à l'époque où l'aliénation des maisons
» adjacentes à l'église des Augustins fut consentie aux
» auteurs des intimés, l'église était inaliénable, et que,
» par suite, les voisins ne pouvaient acquérir la mitoyen-
» neté de ses murs et la priver du jour qui l'éclairait;

» Considérant que les auteurs des intimés ne pouvaient
» pas ignorer le privilége attaché au caractère visible de
» l'édifice, et qu'il dut entrer en considération dans la
» fixation du modique prix de leur acquisition (rente per-
» pétuelle de dix livres par an);

» Considérant que cette interdiction d'acquérir la mi-
» toyenneté constitua, dès le principe, au préjudice des

» maisons adjacentes et au profit de l'église, une servi-
» tude qui, une fois acquise à l'immeuble, en a fait partie
» et l'a suivi dans la main des auteurs de l'appelant;

» Considérant que le changement de destination que
» celui-ci lui a fait subir n'a pas éteint le droit qui y était
» inhérent, parce qu'il est de l'essence des droits réels de
» s'attacher au fonds, de s'y incorporer et de le suivre
» dans toutes les mains où il tombe, à quelques destina-
» tions diverses qu'il soit soumis par les propriétaires suc-
» cessifs;

» Considérant que, lorsque les auteurs de l'appelant
» ont acquis l'église, ils ont dû faire entrer dans leur base
» d'appréciation et dans le calcul des avantages de l'ac-
» quisition qu'ils allaient faire, les servitudes acquises à
» cet immeuble, alors existantes; que ces servitudes ainsi
» acquises par eux n'auraient pu se perdre que par renon-
» ciation ou aliénation de leur part, ou par prescription
» de la part de leurs voisins; mais qu'aucun de ces moyens
» n'est établi au procès;

» Considérant qu'il résulte des actes et des circonstances
» de la cause, ainsi que des enquêtes respectives, que
» l'immeuble dont il s'agit avait, à l'époque où il était en
» nature d'église, un droit de jour par une fenêtre en face
» de la maison appartenant aujourd'hui aux intimés;
» qu'ainsi, et sans examiner quel était précisément l'em-
» placement de cette fenêtre, le droit qu'avaient les in-
» timés de bâtir sur leurs fonds ne peut être exercé qu'à

» la charge par eux de laisser, entre leurs constructions
» et l'immeuble de l'appelant, une distance telle que ce
» droit de jour puisse être utilisé; que, d'après les expli-
» cations des parties, les circonstances de la cause et
» l'état des localités, cette distance doit être fixée à un
» mètre......

   » Par ces motifs,

   » Réformant le jugement du tribunal civil de Carcas-
» sonne, etc...... »

Du 13 août 1835. — Cour de Montpellier.

2° ARRÊT DE LA COUR DE CASSATION

La Cour :

« Sur la première branche du premier moyen :

» Considérant que la mitoyenneté donne sur le mur qui
» en est l'objet un droit de copropriété;

   » Que, dès lors, l'acquisition de cette mitoyenneté ne
» peut avoir lieu lorsque la propriété ou l'édifice dont on
» veut rendre le mur mitoyen est hors du commerce;

   » Qu'avant le Code civil, il était universellement admis
» en France que les églises ou édifices publics consacrés
» au culte n'étaient pas susceptibles d'une propriété pri-
» vée, et que ce principe d'ordre et de droit public n'a
» pas été détruit ou modifié par le Code civil;

   » Rejette la première branche du premier moyen;

» Mais, sur la deuxième branche de ce moyen et sur le
» deuxième moyen :

» Vu les articles 544, 661, 702, 1598 et 2226 du Code
» civil ;

» Considérant que l'ancienne église des Augustins de
» Carcassonne, qui appartient maintenant à Saunière,
» défendeur, a été vendue par l'État en 1796 ;

» Qu'à partir de cette époque, elle a été transformée
» en habitation particulière, et a pris le caractère de pro-
» priété privée ;

» Considérant qu'alors tous les droits exceptionnels ou
» privilégiés, résultant de sa destination première et de
» sa consécration au service divin, ont cessé pour l'avenir ;

» Qu'elle est devenue susceptible de toutes les modifi-
» cations de la propriété privée, et ainsi a été désormais
» soumise à l'application de l'article 661 du Code civil
» sur l'acquisition de la mitoyenneté ;

» Considérant que, si les propriétaires voisins n'avaient
» pas le droit d'exiger ou d'opérer la suppression de jours
» anciennement pratiqués dans les murs de cet immeuble,
» l'interdiction de bâtir contre les murs et d'en acquérir
» la mitoyenneté devait être restreinte à la portion qu'il
» était nécessaire de laisser libre pour que la servitude
» continuât d'exister, et qu'on ne pourrait porter plus loin
» cette interdiction sans étendre la servitude et blesser le
» droit de propriété ;

» Considérant, en fait, que l'arrêt attaqué : 1° refuse

» aux sieurs Rougier frères, demandeurs, le droit d'ac-
» quérir la mitoyenneté d'aucune partie du mur au midi
» de la ci-devant église des Augustins de Carcassonne,
» quoiqu'il ne constate que l'existence ancienne du jour
» établi dans une portion de ce mur; 2° interdit auxdits
» Rougier de construire sur la limite de leur propriété et
» dans toute l'étendue de ce mur ;

» Considérant qu'en jugeant ainsi, la Cour royale de
» Montpellier a violé : 1° les articles 1598 et 2226 du Code
» civil, en mettant hors du commerce un immeuble qui
» avait cessé d'être inaliénable, étant devenu propriété
» privée; 2° l'article 661 relatif à l'acquisition de la mi-
» toyenneté du mur; 3° l'article 544 sur l'étendue du droit
» de propriété; et 4° l'article 702 qui défend d'étendre les
» servitudes;

» Casse...... »

Du 5 décembre 1838. — Cour de Cassation.

Les sœurs de charité préposées au service d'un
hospice peuvent préparer elles-mêmes les remèdes
que l'on connaît dans la pharmacie sous le nom
de *magistraux*. Ce droit, qui ne leur est pas con-
testé, a été reconnu par diverses décisions. Ainsi,
nous pouvons citer en ce sens une instruction de
l'École de médecine, du 9 pluviôse an X, une
circulaire ministérielle du 28 ventôse de la même
année, et deux autres plus récentes : la première,
du 16 avril 1828, et la seconde du 31 janvier 1840.

Mais peuvent-elles en opérer la vente ou le débit au dehors pour le compte de l'hospice?

Si nous nous en tenions aux termes de la circulaire du Ministre de l'intérieur du 16 avril 1828,

nous devrions répondre affirmativement. En effet, voici ce que nous lisons dans ce document :

« Beaucoup d'hospices et d'établissements de bienfai-
» sance sont desservis par des sœurs de charité qui, non-
» seulement préparent des médicaments pour les malades
» confiés à leurs soins, mais encore en distribuent et en
» vendent au dehors. Quelque louables que soient les in-
» tentions de ces pieuses sœurs, une telle pratique entraîne
» des abus que l'administration ne doit pas tolérer. On
» ne peut certainement pas interdire aux sœurs de cha-
» rité la faculté de préparer des médicaments pour l'usage
» des établissements auxquelles elles sont attachées, si
» l'autorité dont elles dépendent le leur permet ; mais
» elles ne pourraient distribuer et vendre des remèdes
» composés, de véritables préparations pharmaceutiques
» sans contrevenir aux dispositions des lois concernant la
» pharmacie, sans s'exposer à commettre des erreurs dont
» elles ne sauraient prévoir toutes les conséquences. On
» a pensé, d'après l'avis de la faculté de médecine, qu'on
» pouvait autoriser les sœurs de charité à préparer elles-
» mêmes et à *vendre* à bas prix des sirops, des tisanes et
» quelques autres remèdes qu'on désigne dans la phar-
» macie sous le nom de *magistraux ; mais là doit se bor-*
» *ner la tolérance qu'elles sont en droit de réclamer dans*
» *l'intérêt des pauvres.* L'ancienne législation était encore
» plus sévère à cet égard ; car, d'après la déclaration du

» roi du 25 avril 1777, il était expressément défendu aux
» communautés séculières ou régulières, même aux hô-
» pitaux, de vendre et de débiter aucune drogue simple
» ou composée à peine de 500 livres d'amende. »

Tel est le texte qu'on invoque pour soutenir le droit de vente extérieure au profit de l'hospice.

Cependant nous n'admettons pas cette opinion, parce qu'elle nous semble contraire aux principes posés par les lois qui régissent la matière.

Donnons d'abord une analyse sommaire de la législation.

Aux termes de l'article 25 de la loi des 21 germinal et 1er floréal an XI (11 avril 1801), relative à la pharmacie, nul ne peut ouvrir une officine de pharmacie, *préparer, vendre et débiter aucun médicament*, s'il n'a été reçu pharmacien. D'un autre côté, aux termes de l'article 36 de la même loi, *tout débit au poids médicinal*, toutes distributions de drogues et préparations médicamenteuses sur des théâtres ou étalages dans les places publiques, foires et marchés, toute annonce ou affiche imprimée qui indiquerait des remèdes secrets, sous quelque dénomination qu'ils soient présentés, sont sévèrement prohibés. Les individus qui se rendraient coupables de ce délit doi-

vent être poursuivis par voie de police correctionnelle. Enfin, la loi des 20 pluviôse et 9 ventôse
an XIII, interprétant l'article 36 précité, dispose :
que ceux qui contreviendront aux dispositions de
ce texte seront poursuivis par mesure de police
correctionnelle et punis d'une amende de 25 francs
à 600 francs, et, en outre, en cas de récidive,
d'une détention de trois jours, au moins, et de dix
jours au plus.

De ce qui précède, il résulte donc que la loi de
germinal n'établit aucune distinction entre les divers médicaments, qu'elle ne se préoccupe nulle-
ment de la question de savoir s'ils sont magistraux
ou officinaux, et qu'elle en interdit la préparation
et la vente d'une manière absolue, si le préparateur
et vendeur n'est pas muni d'un diplôme de pharmacien. Or, les sœurs de charité ne peuvent justifier d'un semblable titre ; par conséquent, la prohibition de l'article 25 leur est applicable, et, dans
le cas où elles l'enfreindraient, elles se rendraient
passibles des peines portées par l'article 36 de la
loi de germinal et par la loi de pluviôse. Il est
vrai qu'on peut opposer à cette solution la circulaire ministérielle du 16 avril 1828, dont nous
avons rapporté plus haut le passage relatif à notre
sujet. Mais on ne prend pas garde que cet argu-

ment pèche d'une manière grossière. En effet, les lois des 21 germinal an XI et 29 pluviôse an XIII subsistent toujours; elles n'ont été abrogées par aucune disposition législative postérieure. Or, qu'on le remarque bien, une simple circulaire ministérielle n'a jamais pu et ne peut avoir la force d'abroger une loi. Par conséquent, il faut mettre de côté l'argument que l'on serait tenté de tirer de ce document, et s'en tenir à l'opinion que nous émettons. Nous ne saurions trop, du reste, en donner le conseil en présence d'un arrêt de la Cour de Bordeaux, du 28 janvier 1830, rendu à une époque contemporaine de la circulaire ministérielle dont il s'agit. Nous engageons nos lecteurs à remarquer certains motifs de cet arrêt, qui rendent justice au mérite incontestable et incontesté des dignes sœurs de la congrégation de Saint-Vincent-de-Paul.

La Cour :

« Considérant en droit, que, soit dans l'intérêt de la sûreté » publique, soit afin de maintenir les pharmaciens dans » l'exercice exclusif d'une industrie qui, comme toutes les » autres propriétés, doit être respectée, il convenait d'in-» terdire la vente de tous médicaments à quiconque n'au-

» rait pas été reçu pharmacien, suivant les formalités
» d'usage ; que tel est le but que la loi du 21 germinal
» an XI s'est efforcé d'atteindre ;

   » Attendu que cette loi a déclaré, par son article 25,
» que nul ne pourra ouvrir une officine de pharmacie,
» préparer ou vendre aucun médicament, s'il n'a été reçu
» pharmacien ;

   » Attendu que l'article 56 de la même loi défend tout
» débit au poids médicinal, et veut que les personnes cou-
» pables soient poursuivies correctionnellement et punies
» conformément à l'article 83 du Code des délits et des
» peines ;

   » Attendu que la loi du 29 pluviôse an XIII porte, que
» ceux qui contreviendront à l'article 36 de celle du 21 ger-
» minal an XI seront punis d'une amende de 25 francs à
» 600 francs ;

   » Attendu que la prohibition est générale et s'applique,
» par conséquent, aux sœurs de la congrégation de Saint-
» Vincent-de-Paul ; *que si l'ardente charité dont elles*
» *sont animées les place au premier rang parmi les bien-*
» *faiteurs de l'humanité*, elles sont appelées, précisément
» à cause de leurs vertus, à donner l'exemple de la sou-
» mission aux lois ; qu'on ne trouve dans celle du 21 ger-
» minal an XI aucune distinction entre les remèdes ma-
» gistraux et les remèdes officinaux, et que la vente des
» uns et des autres est également interdite à toute per-
» sonne qui n'a pas obtenu un diplôme de pharmacien ;

« Attendu qu'il n'est exact, sous aucun rapport, de pré-
» tendre que les prohibitions établies par la loi de l'an XI
» manquent de sanction pénale; que l'on trouve évidem-
» ment cette sanction, soit dans l'article unique de la loi
» du 27 pluviôse; qu'ainsi celui-là commet un délit prévu
» et puni par la législation qui, n'étant pas pharmacien,
» se permet de vendre des remèdes au poids médicinal;

» Attendu, en fait, qu'il est avoué par la supérieure des
» sœurs de la charité attachées à l'hospice de Saint-Ma-
» caire, qu'elles ont vendu divers médicaments, comme
» sirop de violettes, sirop de pêches, crème de tartre, fa-
» rine de lin, pastilles et pommade vertes; que toutes ces
» drogues ont été vendues au poids médicinal, et, par con-
» séquent, en contravention aux dispositions de l'article 36
» de la loi du 21 germinal an XI; que le premier tribunal
» a donc mal jugé en se déclarant incompétent, sous le
» prétexte que les faits de la cause ne constituaient ni dé-
» lit, ni contravention;

» Attendu, néanmoins, d'une part, que le ministère pu-
» blic n'a pas interjeté appel de la décision rendue le
» 1er mai par le tribunal de la Réole, et de l'autre, que les
» sœurs de la charité ont pu être induites en erreur par
» une circulaire du ministre de l'intérieur qui paraissait
» les autoriser à vendre certains remèdes connus sous le
» nom de *magistraux*; qu'ainsi, aucune peine publique
» ne saurait être prononcée contre la dame Forget; qu'il
» n'y a pas lieu d'accorder d'indemnité au sieur Dupuy,

» tant est léger le tort que lui ont fait éprouver les ventes
» plus haut énumérées ; qu'il doit suffire de lui allouer les
» dépens, ce qui tiendra lieu de plus amples dommages-
» intérêts ;

» Réforme le jugement du tribunal de la Réole en date
» du 1er mai 1829, etc... »

Du 28 janvier 1830. — Cour de Bordeaux.

Les sœurs de charité peuvent éviter la fausse position dans laquelle les place l'état de notre législation, par l'adjonction, à l'hospice, d'un pharmacien muni d'un diplôme. Lorsque cette précaution a été prise, elles peuvent vendre des remèdes au dehors pour le compte de l'hospice. Ce point que nous présentons comme constant, a cependant été l'objet d'une vive controverse, mais la jurisprudence a tranché la question dans le sens de l'opinion que nous émettons, par différents arrêts, dont le dernier a été rendu par la Cour de cassation, à la date du 31 mai 1862. Avant de reproduire les décisions rendues sur cette question, nous allons exposer les deux systèmes de droit auxquels elle a donné lieu.

(La suite au prochain numéro.)

III

**Fabrique d'église. — Travaux d'agrandissement des édifices
consacrés au culte. — Conditions. — Refus de payement
à défaut d'approbation régulière du conseil de fabrique.**

Il existe un arrêt de la Cour de cassation du
18 juillet 1860, dans les motifs duquel il est dit :
qu'un emprunt sortant du cercle des simples actes
d'administration des biens d'une fabrique, ne
saurait être valable et obligatoire pour elle s'il
n'a été compétemment autorisé. On peut critiquer
cette manière de décider en se fondant sur les principes du droit commun, et penser que la fabrique
est tenue jusqu'à concurrence de ce dont elle
a profité. Pour cela, il faut d'abord invoquer la
grande règle d'équité qui domine notre législation :
nemo ex damno alterius locupletari debet ; puis,
assimilant les fabriques aux mineurs, assimilation

logique en présence, notamment de l'article 12 *in fine* du décret du 30 décembre 1809 (1), on appliquera cette autre règle de l'article 1305 du Code Napoléon : *minor restituitur non tanquàm minor sed tanquàm læsus.*

Cependant le Conseil d'État a semblé, dans ces derniers temps, partager la jurisprudence de la Cour suprême. Le débat soumis à sa décision s'est élevé dans les circonstances suivantes :

Au cours de l'année 1842, des souscriptions étaient recueillies afin de pourvoir à l'agrandissement de l'église de la Ricamarie, dans le département de la Loire. A la date du 3 juillet de la même année, intervenait une délibération du conseil de fabrique approuvant les plans des travaux dont le chiffre s'élevait à 19,976 fr. 96 c., et acceptant les offres faites par un sieur Delainaud et d'autres personnes. Le 21 juillet même mois, ces derniers, conformément à leurs offres, s'engageaient à réparer et à agrandir l'église à leurs risques et périls, mais à une double condition, savoir : 1° que l'é-

___

(1) Décret du 30 décembre 1809. — Art. 12. — Seront soumis à l'approbation du conseil : — 1°..
....
3° Les procès à entreprendre ou à soutenir, les baux emphytéotiques ou à longues années, les aliénations ou échanges, et généralement tous les objets excédant les bornes *de l'administration ordinaire des biens des mineurs.*

glise resterait affectée à perpétuité au culte catholique ; 2° qu'ils auraient le droit d'occuper gratuitement des bancs dans l'église, tant que les sommes par eux avancées ne leur auraient pas été remboursées par la fabrique ou par la commune. Par délibération prise le 25 juillet 1842, le conseil municipal approuva l'exécution des travaux votés par le conseil de fabrique ; mais il déclara que la commune entendait rester étrangère aux dépenses qu'ils pourraient occasionner. Deux jours après, le 27 juillet, le préfet du département de la Loire prenait un arrêté par lequel il approuvait les plans et les devis, et acceptait l'engagement de Delainaud et autres, mais à la charge par eux de renoncer aux deux conditions qu'ils avaient stipulées dans l'acte du 21 juillet. Ces derniers se soumirent aux dispositions de l'arrêté préfectoral, et leur adhésion fut constatée par un acte du 2 août 1842. Mais en 1843, sous la date du 18 décembre, il intervint entre les membres du conseil de fabrique et le sieur Delainaud et autres, un acte par lequel il fut convenu que la fabrique rembourserait à ces derniers le montant de leurs avances.

En 1860, les héritiers Delainaud voulurent rentrer dans les sommes avancées par leur auteur. Ils réclamèrent à la fabrique une somme de

43,500 francs en principal avec les intérêts de droit. Sur le refus qu'ils éprouvèrent, ils se pourvurent devant le conseil de préfecture de la Loire, mais leur demande fut rejetée par arrêté du 2 avril 1861. Ils formèrent alors un pourvoi devant le Conseil d'État, et, devant cette juridiction, ils invoquèrent notamment l'acte du 28 décembre 1843, qu'ils qualifiaient de délibération du conseil de fabrique. Mais leurs prétentions furent repoussées à nouveau.

« Napoléon, par la grâce de Dieu et la volonté natio-
» nale, etc.....

» Vu la requête présentée pour le sieur André Neyret
» et pour la dame Pierrette Allambert, son épouse, à ce
» autorisée par son mari, agissant en qualité de légataire
» universelle du sieur Alexandre Delainaud ; ladite re-
» quête tendant à ce qu'il nous plaise annuler un arrêté
» en date du 2 avril 1861, par lequel le conseil de préfec-
» ture de la Loire a rejeté la demande formée par les re-
» quérants, à l'effet d'obtenir que la fabrique de l'église
» de la Ricamarie fût condamnée à leur rembourser, avec
» les intérêts à dater du 25 décembre 1843, la somme de
» 43,500 francs, montant des avances faites par le sieur
» Delainaud pour le payement des travaux d'agrandisse-
» ment de l'église ;

» Ce faisant, leur payer la somme de 43,500 francs

» avec les intérêts de droit, attendu que, par les actes de
» souscription, en date des 3 et 12 juillet 1842, dont les
» conditions ont été acceptées par le conseil de fabrique,
» les sieurs Delainaud et autres souscripteurs n'ont con-
» senti à se charger de fournir les fonds nécessaires
» pour les travaux d'agrandissement de l'église qu'à la
» charge par la fabrique de leur rembourser le montant
» de leurs avances, et que, par délibération en date du
» 23 décembre 1843, le conseil de fabrique a reconnu que
» la fabrique devait opérer ce remboursement;

» Vu l'ordonnance rendue le 7 décembre 1862, par le
» président de la section du contentieux et portant que la
» requête ci-dessus visée sera communiquée à la fabrique
» de l'église de la Ricamarie, ensemble l'exploit, en date
» du 23 décembre 1861, par lequel ladite ordonnance de
» soit communiqué et la requête ont été signifiées à la
» fabrique pour laquelle il n'a pas été produit de défense;

» Vu les observations présentées par notre Ministre de
» l'instruction publique et des cultes, en réponse à la com-
» munication qui lui a été donnée du pourvoi;

» Vu la liste des souscriptions recueillies en vue de
» l'agrandissement de l'église de la Ricamarie, ladite liste
» en date du 1er juillet 1842;

» Vu la délibération du conseil de fabrique de l'église de
» la Ricamarie, en date du 3 juillet 1842, qui approuve
» les plans et devis des travaux d'agrandissement de
» l'église, montant à la somme de 19,976 francs 96 cen-

» times, et accepte les offres faites par les sieurs Delai-
» naud et autres souscripteurs ;

» Vu l'acte, en date du **21** juillet **1842**, par lequel les
» sieurs Delainaud et autres s'engagent à réparer et agran-
» dir l'église de la Ricamarie à leurs risques et périls,
» sous certaines conditions stipulées audit acte ;

» Vu la délibération, en date du **25** juillet **1842**, par la-
» quelle le conseil municipal de la commune de Valbenoîte
» émet l'avis qu'il y a lieu d'approuver l'exécution des
» travaux votés par le conseil de fabrique, mais déclare
» que la commune entend rester étrangère aux dépenses
» que ces travaux pourront entraîner ;

» Vu l'arrêté, en date du **27** juillet **1842**, par lequel le
» préfet du département de la Loire approuve les plans et .
» devis des travaux d'agrandissement de l'église, accepte
» l'offre faite par les sieurs Delainaud et autres de payer
» le prix de ces travaux, et décide que l'approbation des
» travaux et l'acceptation des offres des souscripteurs se-
» ront nulles et non avenues, si les souscripteurs ne re-
» noncent pas aux deux conditions stipulées par eux dans
» l'acte du **21** juillet **1842**;

» Vu l'acte en date du **2** août **1842**, par lequel les sieurs
» Delainaud et autres déclarent adhérer aux dispositions
» de l'arrêté du préfet ;

» Vu l'acte en date du **28** décembre **1843**, passé à Saint-
» Étienne, entre les membres du conseil de fabrique de
» l'église de la Ricamarie et les sieurs Delainaud et autres

» souscripteurs, ledit acte qualifié délibération du conseil
» de fabrique ;

» Vu la loi du 28 pluviôse an VIII, et le décret du 30
» décembre 1809 ;

» Vu l'article 4 de l'ordonnance du 8 août 1821 qui dis-
» pose que les travaux de construction et réparations
» faits pour le compte des fabriques sont soumis à l'ap-
» probation du préfet, quand la dépense ne s'élève pas
» au-dessus de 20,000 francs ;

» Attendu que par les actes ci-dessus visés, en date du
» 1er et du 24 juillet 1842, les sieurs Delainaud et autres
» souscripteurs avaient offert à la fabrique de l'église de la
» Ricamarie de faire, à leurs risques et périls, les travaux
» d'agrandissement de l'église évalués à environ 20,000
» francs, sous la condition : 1° que l'église resterait à per-
» pétuité affectée au culte catholique ; 2° que les souscrip-
» teurs auraient droit à occuper gratuitement des bancs
» dans l'église, tant que les sommes par eux avancées ne
» leur auraient pas été remboursées par la fabrique ou par
» la commune ;

» Que, par sa délibération en date du 3 juillet suivant,
» le conseil de fabrique avait accepté ces offres, aux con-
» ditions posées par les sieurs Delainaud et autres ;

» Que le conseil municipal de la commune de Valbenoîte,
» par sa délibération en date du 25 juillet 1842, a émis
» un avis favorable aux travaux projetés par la fabrique,

« tout en déclarant que la commune entendait rester
» étrangère aux dépenses qu'ils entraîneraient ;

» Mais que le préfet, par l'arrêté en date du 27 du
» même mois, n'a autorisé l'exécution des travaux
» d'agrandissement de l'église et l'acceptation des offres
» faites par les souscripteurs que pour le cas où ceux-ci
» renonceraient aux deux conditions qu'ils avaient stipu-
» lées, et qu'il n'a pas prescrit la mise en adjudication des
» travaux, par le motif qu'il convenait de laisser aux per-
» sonnes qui donnaient les fonds nécessaires la liberté
» de faire exécuter les travaux suivant le mode qui leur
» paraissait le plus convenable ;

» Que, par acte en date du 2 août suivant, les sieurs
» Delainaud et autres souscripteurs ont déclaré adhérer
» aux dispositions de l'arrêté du préfet, et renoncer par
» conséquent aux conditions concernant les bancs et l'af-
» fectation à perpétuité de l'église au culte catholique ;

» Attendu que les modifications apportées au contrat
» par suite des dispositions de l'arrêté du préfet et de l'acte
» d'adhésion des souscripteurs n'ont pas été soumises au
» conseil de fabrique ;

» Qu'il suit de là que les sieur et dame Neyret ne sont
» pas fondés à soutenir que, en vertu des actes précités,
» la fabrique s'est engagée à leur rembourser des sommes
» qu'ils avaient dépensées pour les travaux de l'église ;

» Attendu que l'acte en date du 28 décembre 1843,
» qualifié par les requérants délibération du conseil de

» fabrique de l'église de la Ricamarie, est un acte passé à
» Saint-Étienne entre plusieurs membres du conseil de
» fabrique et les sieurs Delainaud et autres souscripteurs
» et qui n'a reçu aucune approbation ; que ce n'est pas
» une délibération du conseil de fabrique, et qu'il ne peut
» avoir pour effet d'engager la fabrique à l'égard des hé-
» ritiers du sieur Delainaud :

» *Article premier.* — La requête est rejetée. »

Du 6 juillet 1863 ; — Conseil d'État.

Nous le répéterons encore : cette décision nous paraît être en contradiction avec les principes généraux que nous avons rappelés plus haut. Cependant on a essayé de la justifier, ainsi du reste qu'on peut s'en convaincre en se reportant au recueil de M. Dalloz, année 1864, 2ᵉ cahier, 3ᵉ partie, page 12. Là, l'arrêtiste, rapportant ce monument de jurisprudence, a soin de l'accompagner d'une note dans laquelle il nous dit : « Il faut re-
» marquer que l'une des modifications apportées
» aux conditions, portait sur l'affectation à perpé-
» tuité de l'église au culte catholique ; or, l'intérêt
» de cette clause pour la fabrique était assez grave
» pour que celle-ci fût consultée, et dès lors, en
» décidant que le lien de droit ne s'était pas formé

» entre les parties, l'arrêt ne fait qu'une saine
» appréciation des principes généraux du droit
» sur les formes selon lesquelles les conseils de fa-
» fabrique peuvent vendre, échanger, transi-
» ger, etc..... » Mais cette explication ne saurait
nous satisfaire. En effet, les conditions écartées à
la suite de l'arrêté préfectoral n'étaient qu'oné-
reuses pour la fabrique ; par conséquent, leur suppression ne pouvait que lui être avantageuse. Sa
position ne se trouvait donc pas aggravée ; dès
lors qu'était-il besoin de la consulter ? Cette ob-
servation suffit, ce nous semble, pour faire dispa-
raître le motif sur lequel on voudrait s'appuyer
pour défendre la jurisprudence du conseil d'État.
Restons donc dans les vrais principes, et disons que
la fabrique doit être tenue, jusqu'à concurrence du
profit qu'elle a pu retirer en appliquant l'article
1312 du Code Napoléon.

Pour la première partie,

H. MAUCLAIRE.

DEUXIÈME PARTIE.

MONUMENTS LÉGISLATIFS.

RECUEIL

DES

LOIS, ORDONNANCES, ÉDITS, DÉCLARATIONS

DÉCRETS ET AUTRES ACTES

CONCERNANT LE CULTE CATHOLIQUE ET SES MINISTRES

Depuis Charles VII jusqu'à nos jours.

LETTRES *datées de Chartres, du 21 novembre 1440, par lesquelles le Roi permet qu'il soit levé un dixième sur les ecclésiastiques du royaume et du Dauphiné, quels que soient leurs exemptions ou priviléges, à l'effet de subvenir aux frais des ambassadeurs à envoyer en diverses régions conformément aux résolutions de l'assemblée de Bourges* (1).

CHARLES, par la grâce de Dieu, etc...

Comme au mois de septembre dernièrement passé, à l'assemblée des prélats et gens d'eglise, et des universitez de nos royaume et Daulphiné, par nous convoquez et

---

(1) Ces lettres trouvent leur explication dans celles qui suivent et qui ne sont que la confirmation de celles du 2 septembre dont il est parlé ci-dessus. On y avait décidé que des ambassadeurs seraient députés vers les différents princes de la chrétienté, pour les prier de se réunir, afin de mettre un terme aux dissensions de l'Église. Cette taxe est un commencement d'exécution de cette résolution, mais il n'y eut point d'autre suite.

MUSIAS.

mandez en nostre ville de Bourges, pour le fait et appai-
sement des debats, differends et nouvelletez survenües en
nostre mere Ste Eglise, et du chisme disposé de se ensuir,
se par la grace de Dieu et par le bon moyen et diligence
de tous bons catholiques, ne y est secouru, en quoy en en-
suivant nos progeniteurs de digne mémoire, desirons de
tout nostre cœur nous employer en toute diligence : ait
esté par lesdits prelats et gens d'église, tant de religion,
universitez, chapitres et colleges, que autres généralement,
(considerans que a ceste cause estoit et seroit nécessaire
de envoyer plusieurs grans et notables ambassades en plusieurs diverses régions, lesquelles sans grant finance ne
se peuvent conduire) consenti, accordé, voulu et octroyé
que sur toutes gens d'église de nosdits royaume et Daulphiné, bénéficiers tauxez et non tauxez, exempts et non
exempts, privilegiez et non privilegiez, de quelque ordre,
religion, et de quelque privileige et exemption qu'ils
soient, soit de Premonstré, Clugny, Grammont, Saint
Jehan de Jerusalem ou autres, jaçoit ce que de leursdits
privileges et exemptions ne soit ici faicte expresse men-
tion, feust et soit levé un dixiesme ou subside equivalent
à ung dixiesme entier, pour en convertir les deniers
esdictes ambaxades et autres choses necessaires et con-
venables à ce, et non ailleurs; et pour les deniers dudit
dixiesme ou equivalent faire mieulx et prestement venir
ens, comme il est besoing, nous aient requis iceulx gens
d'eglise, que pour aidier à faire venir et payer ens icelui

dixiesme ou equivalent, endroit ceulx qui ne vouldroient obéir, leurs veuillons donner, et par nos justiciers et officiers faire donner toute aide et faveur, et faire contraindre les refusans ou délayans à payer leur taux d'icelui dixiesme ou aide équivalent, à la requeste des receveurs général et particuliers d'icelui, par prinse et arrest de leurs temporels en nostre main, et exploitation des fruits d'iceulx, et nonobstant quelconques oppositions ou appellations ; pour ce est-il que nous, eu sur ce consideration, et à la necessité qui est d'envoyer lesdictes ambaxades, et de pourveoir aux autres frais qui pour ces causes sont nécessairement à faire, et de pour ce, faire recouvrer les deniers d'icelui dixiesme ou equivalent en toute diligence.

Donnons en mandement à tous nos baillifs, seneschaulx et prevots, viguiers, chastelains et autres nos justiciers ou leurs lieutenans, en commettant par ces présentes à chacun d'eulx comme à lui appartiendra, que icelles fassent publier et signifier solennellement ès diocèse de leurs jurisdictions, à ce que aucun n'en doye prétendre ignorance ; et se depuis ladicte publication aucuns sont refusans ou contredisans de payer leur taux dudit dixiesme ou aide, ou l'equivalent desdits taux, et dont ils seront requis par les receveurs général et particuliers dudit dixiesme, les y contraignent, et fassent contraindre par la prinse de leursdits temporels en nostredicte main, et exploitation des fruits d'icelui, et par la forme et maniere cy-dessus déclairés, et ainsi qu'il est accoustumé de faire en tel cas, et aussi à payer les frais qui à leur défaut conviendra pour ce faire, et nonobstant quelconques oppositions ou appellations, exemptions, privileiges et choses à ce contraires, et de ce faire leur donnons pouvoir, commission et mandement special : voulans aussi ces présentes estre semblablement publiées en nostre cour de parlement, et au *vidimus* d'icelles fait soubz séel royal foy estre adjoustée comme à cet original, auquel en tesmoing de ce nous avons fait mettre nostre séel.

Donné par le Roy en son conseil, auquel monseigneur le daulphin de Viennois, monseigneur Charles d'Anjou comte du Maine, le connestable, le comte de la Marche, les evêques de Clermont et de Magalonne, l'admiral, Mᵉ Jehan d'Estampes, et autres estoient.

LETTRES *datées de Chartres, du* 21 *novembre* 1440, *par lesquelles le Roi, de l'avis d'une nouvelle assemblée réunie à Bourges, déclare qu'il y a grand doute que le concile de Basle ait autorité suffisante pour suspendre, déposer le pape Eugène et élire un nouveau pape; qu'en conséquence, il persiste dans son obédience au Saint-Père et méconnait la nomination de son successeur, demandant que ce point soit décidé, soit dans un concile œcuménique ou général, soit dans une assemblée générale du clergé de France où se trouveront les ducs, barons et ses alliés, soit dans une réunion des princes chrétiens* (1).

(1) Déposé par le concile dans sa trente-quatrième session, en 1439

CAROLUS septimus, etc...

Notum facimus quòd dum sentiremus exoriri turba-
tiones, que, proh dolor! extant in sanctâ Dei ecclesiâ,
concupientes eas opportunè sedari, ac nobis et populo
nostro salubriter consuli et decenter provideri, celeberri-
mumque morem christianissimorum progenitorum nostrorum, qui divino presidio fuerunt adeò prefulti quòd in
catholicâ fide nunquam reperti sunt aberrasse, propriùs
imitari ac vestigiis sollertiùs inherere; mandavimus ecclesiam regni et Dalphinatûs nostrorum apud nos super hiis
in civitate nostrâ Bituricensi, congregari. Quà in civitate
existentibus et congregatis multis sapientibus, divinarum-
que et humanarum scienciarum peritis prelatis et aliis
ecclesiasticis viris (non tamen omnibus, ipsarum ditionum
nostrarum occasione guerrarum vel aliàs impeditis) et
illuc ultrò convenientibus ambaxiatoribus sanctissimi patris nostri Eugenii pape, et etiam ambaxiatoribus concilii
Basiliensis, et ipsis ambaxiatoribus separatim per nos in
hujusmodi congregatione auditis, ac super hinc indè pro-
positis per ipsos ambaxiatores, et generaliter super omni-

et remplacé par Amédée, duc de Savoie, qui prit le nom de Félix V,
le pape Eugène envoya vers le roi des ambassadeurs pour le prier
d'improuver ce qui s'était fait à Basles. Charles VII, dans une assemblée nouvelle qu'il réunit à Bourges, entendit l'évêque de Florence, au
nom du Pape, et Thomas de Corcellis, député du concile. La délibération, qui dura six jours, amena pour résultat les résolutions édictées
par les lettres ci-dessus.

MUSIAS.

bus ipsius ecclesie sancte Dei materiam concernentibus,
pro commodiùs in càdem ecclesià comparandà bonà pace
et unione, pluribus consultationibus et opinionibus per
ipsam congregationem tentis et habitis, tandem ipsa congregatio certas deliberaciones et conclusiones confecit :
quas nobis in magno consilio nostro relatas, et per nos debitè consideratas, gratas et acceptas habendo, salubri
congregationis hujusmodi freti consilio, declaravimus nos
et nostrum regnum et Delphinatum perseverare et rema-
nere, perseveraturosque et remansuros in eâ quà eramus
obedientià prefati sanctissimi patris nostri Eugenii pape ;
adjectis nonnullis protestationibus per ipsam congregationem primitùs advisatis et maturè digestis, quas coram
nobis, nobiscum assistentibus pluribus de sanguine et nonnullis aliis de ipso consilio nostro, in eâdem congregatione, in presentià priùs dictorum ambaxiatorum dicti
sanctissimi patris nostri pape, et paulò post dictorum ambaxiatorum dicti concilii Basiliensis, die secundà septem-
bris ultimò preteriti, legi et publicari fecimus in hàc
formà.

In primis. Protestatur rex quòd sicut christianissimus
princeps, sequendo vestigia patrum suorum, paratus est
audire ecclesiam legitimè congregatam. *Item.* Dicit, quòd
quia apud multos viros probos et graves, dubitacio est non
modica, an suspencio, deposicio et subsequens electio facte
Basilee, sint ritè, justè, canonicè et legitimè celebrate ;
dubium est etiam, si illa congregatio illis diebus quibus

hec agitata et facta sunt, sufficienter representaret univer-
salem ecclesiam ad tantos et tam arduos actus exequendos
qui de proximo recipiunt totam ecclesiam : ideò rex qui
non est sufficienter informatus super predictis, perseverat
et manet in obedienciâ domini Eugenii, in quâ nunc stat.
Ubi autem debitè informatus fuerit de meritis cause istius,
sive per ycumenicum concilium aut aliud generale concilium, seu etiam per congregationes ecclesie sue gallicane
meliùs et extensiùs convocande, cum ducibus, baronibus
aut confederatis suis, aut in convencione principum chris-
tianorum, tunc veritate compertâ et discussâ, stabit cum
eâ, et adherebit veritati catholice.

Et ut fomes jam suscitati et in tantam flammam eva-
dentis scandali, in ipsâ sanctâ Dei ecclesiâ extinguatur
antequàm fortiùs accendatur et in animos christicolarum
ampliùs perturbet, ac tam periculosi scismatis palmites,
ne concrescendo indurescant, radicitùs in ortu suo evellan-
tur : proposuimus congruentibus et sollicitis adhortacio-
nibus, litteris et precibus apud ipsum sanctissimum pa-
trem nostrum, et apud illos qui sunt Basilee, ac etiam
apud omnes orthodoxos principes cum quibus presertim
fedus aut intelligentiam habemus, insistere, ut infra an-
nam convocetur aliud generale concilium, ac in Dei no-
mine celebretur. Verùm cùm, sicut nostram decet regiam
magestatem, obviare occurrereque peroptemus ne pretextu
aut sub velamine processuum tam à dicto sanctissimo pa-
tre nostro Eugenio papa, quàm à dicto concilio Basiliensi

confectorum aut emanatorum, subditi nostri graviter mo-
lestentur; litteras ordinavimus et fecimus confici super his
opportunas. Que omnia et singula ut faciliùs intelligantur
et cognoscantur, ab omnibus subditis et vicinis nostris,
quàm recto calle, quàmque sincerâ mente circa fidem ca-
tholicam genere nos intendamus, per totum nostrum
regnum et etiam Delphinatum, ac omnia dominia et juri-
dictiones, et ab omnibus incolis eorumdem inviolabiliter
et irrefragabiliter teneri et observari volumus. Quocircà
dilectis et fidelibus consiliariis nostris, gentibus parlamen-
tum nostrum tenentibus, et qui in futurum tenebunt, necnon universis senescallis, baillivis, ceterisque justiciariis
nostris quibuscumque et ubilibet constitutis et eorum cui-
libet mandamus et jubemus quatinùs presentes litteras
in locis insignibus sue juridictionis solemniter publicari
faciant, taliter quòd ad notitiam omnium pervinere, et
nullus ignoranciam pretendere possit.

In cujus rei testimonium, sigillum nostrum in absentiâ
magni ordinatum, litteris presentibus duximus apponen-
dum.

Datum, etc.

Per Regem in consilio suo, in quo dominus dalphinus
Viennensis; dominus Karolus de Andegaviâ comes Ceno-
manie, constabularius; comes Marchie, episcopie Claro-
montensis et Magalonensis, admirallus ; dominus Galasius
de Podiofagi, magister Johannes de Stampis, et plures alii
erant.

DÉCLARATION *rendue à Saint-Denis, le 7 août 1441,
en vertu de laquelle la pragmatique est interprétée et
restreinte en ce sens qu'elle ne dut avoir effet que pour
les promotions épiscopales et autres faits à partir de sa
publication, et que les nominations antérieures faites
par le pape, selon l'ancien accord passé entre lui et le
roi devaient être valables, bien qu'elles eussent eu lieu
après le décret du Concile.*

CHARLES, par la grâce de Dieu, etc.

Nous avoir entendu que soubz umbre ou couleur de
nostre pragmatique sanction, par nous faicte du consen-
tement et par la déliberacion des prelatz et autres gens de
l'eglise de nostredit royaulme et Daulphiné de Viennois,
assemblez en nostre ville de Bourges, par laquelle en-
tr'autres choses fut ordonné que les promotions aux dignités ecclesiastiques, tant metropolitaines, episcopales, que
autres ellectives, seroient d'ilec en avant faictes par élec-
tions selon l'ordre des droiz et sains canons anciens, et
que la collacion des autres bénéfices se feroit par les ordi-
naires collateurs d'iceulx, sans ce que réservations apostoliques eussent aucun lieu, en recepvant aucuns decretz
faiz audit concile de Basle, en tant qu'ilz nous sembloient,
et à ladicte assemblée, raisonnables : aucuns ont voulu et
se sont efforcés et s'efforcent de interpreter et extandre
nostredicte pragmatique sanction, au temps de la date dudit decret fait au concile de Basle longtems paravant nostredicte pragmatique sanction, et de soutenir iceulx decrez

de Basle avoir lieu et devoir sortir effect en nozdiz royaulme
et Daulphiné avant la date de nostredicte pragmatique
sanction, tant en promotions de dignités archiepiscopales, episcopales, que autres ausquelles a esté pourveu, et
d'autres bénéfices donnez et conferez par nostre saint pere
pape Eugène, avant la date de nostredicte pragmatique
sanction, et veulent dire que parceque receu avons icellui
decret du concile de Basle et nostredicte pragmatique
sanction, les promotions faictes par nostredit saint pere
pape Eugène, depuis la date d'icelui decret fait à Basle et
paravant nostredicte pragmatique sanction, estre de nulle
valeur, qui seroit contre l'intention de nous et de toute ladicte assemblée de l'eglise de nosdiz royaulme et Daulphiné faicte à Bourges comme dit est; et mesmement que
jusques au jour de nostredicte pragmatique sanxion les
reservations apostoliques, mesmement des eglises metropolitaines et episcopales et autres, avoient lieu et en dispo-
soit et povoit disposer nostredit saint pere, selon la teneur
des accors faiz entre lui et noz ambassadeurs par nous à
lui envoyez; soubz umbre de laquelle interpretacion plu-
seurs litiges, debatz et procès pourroient sourdre et advenir, et sourdent et adviennent de jour en jour entre noz
subgietz, dont grans maulx et inconvéniens pevent advenir à la chose publique de nostredit royaulme : voulans
pourveoir aux difficultez qui pourroient advenir par telles
interpretations voulentaires, qui ne loist à quelque personne que ce soit faire, ne nostredicte pragmatique sanc-

tion ne autre loy ou ordonnance interpreter ou extandre, sans sur ce nous conseillier, et tendans à évitter et oster toutes voyes et matieres de litiges, débatz et discors d'entre nos subgiez, et y tenir et mettre bonne paix et concorde et venir à la vérité des choses.

Pour ce est-il que nous, eu regart aux choses dessus-dictes, et aussi que paravant et jusques au jour de la date de nostredicte pragmatique sanction, nostredit saint pere pape Eugène, notoirement et par l'accord dessusdit fait entre lui et noz ambassadeurs, a peurveu aux dignitez ecclesiastiques archiepiscopales, episcopales et autres, et fait les promotions en telz cas necessaires et de telz per-sonnes qu'il a veu estre expedient, et lui avons obéi en nozdiz royaulme et Daulphiné, et plusieurs fois l'avons requis de ce faire pour ceulx qui en estoient dignes, en entretenant ledit accord d'entre lui et nozdiz ambasseurs; voulans oster tous doubtes et incertitudes que l'on pourroit alleguer à l'occasion de nostredicte pragmatique sanction, et ycelle estre sainement et certainement entendue selon la voulenté que lors avions, et aussi ceulx de ladicte assemblée de l'eglise de nosdiz royaulme et Daulphiné, et selon la vérité, par grant et meure délibération de conseil.

Avons dit et déclaré, disons et DÉCLARONS par la teneur de ces presentes, que l'intencion de nous et de ceulx qui estoient en ladicte assemblée de l'eglise de nosdiz royaulme et Daulphiné à Bourges, estoit et a toujours esté, et en-cores est nostre entention et voulunté et est le vray sens et entencion de nostredicte pragmatique sanction, que les promotions faictes par nostredit saint pere pape Eugène, tant d'eglises metropolitaines, cathedrales que autres, depuis et selon l'accord dessudit fait en nostredit saint pere et nos ambasseurs, jusques au jour de ladicte pragmatique sanction, vaillent et tiengnent sans ce qu'il soit loisible à aucuns nos subgiez, soient juges ou autres de quelque autorité qu'ils soient, de venir au contraire; et en oultre déclarons que l'intencion de nous et de ceulx de ladicte assemblée, en faisant ladicte pragmatique sanction, fut et est de présent nostre entencion, que l'accord fait entre nostredit saint pere et nosdiz ambasseurs soit et demeure valable et sortisse effect jusques au jour de la date de ladicte pragmatique sanction, sans avoir aucun regart à la date dudit decret fait à Basle paravant la date de nostredicte pragmatique sanction, et qu'il feut par nous receu; et ne volons et n'est nostre intencion que nostredicte pragmatique sanction soit en aucune manière entendue, et ait ne sortisse aucun effect au temps précédant la date d'icelle; mais est nostre intencion et voulons qu'elle vaille et tiegne et sortisse effect et soit tenue et gardée au temps subséquant la date d'icelle seulement. Si donnons en mandement aux gens de parlement, aux seneschaulx, baillifs, prevosts, juges, et autres officiers, et à tous les autres justiciers du royaulme.

Donné, etc. Par le roy en son conseil.

(La suite au prochain numéro.)

TROISIÈME PARTIE.

COURRIER DE ROME

COURRIER DES DIOCÈSES — NOUVELLES DE LA CATHOLICITÉ

VARIÉTÉS.

COURRIER DÊ ROME.

— On écrit de Rome à *l'Espérance de Nantes* :

« Les enrôlements pour l'armée pontificale, loin de se ralentir, deviennent chaque jour plus importants. Chaque paquebot de Marseille débarque toutes les semaines, à Civita-Vecchia de nombreux volontaires.

« Le *Pausilippe,* arrivé le 13 dans ce port, après avoir essuyé la violente tempête du 11, avait à bord 91 recrues, la plupart, il faut le dire à leur louange, enfants de la catholique Belgique.

» Parmi les volontaires français se trouvait M. Roland Onffroy de Vérez, appartenant à une des familles les plus distinguées de la Bretagne, et fils de M. le baron Onffroy, dont le nom rappelle la fidélité et le dévouement à toutes les grandes et saintes causes.

» Un autre paquebot, parti le 18 de Marseille, vient d'apporter 103 nouveaux volontaires. Espérons donc que ce généreux mouvement se soutiendra et que la France ne restera pas en arrière des autres nations dans cette noble croisade en faveur de la religion et du droit. »

— On lit dans l'*Unità cattolica* :

« L'autorité ecclésiastique, à Rome, a publié le recensement de la population romaine en 1864.

» Rome renferme 207,338 âmes ; elle est donc, après Naples, la ville la plus peuplée de l'Italie. Depuis 1860, la population a augmenté de 30,000 âmes.

» Il y a, à Rome, cinquante-quatre paroisses, dont neuf suburbaines ou hors de l'enceinte, et qui se divisent en quatorze arrondissements.

» Le nombre des cardinaux, évêques, prêtres et clercs habitant la ville s'élève à 2,368 et le nombre des religieux à 2,736 ; celui des religieuses à 2,117.

» Dans le monde catholique, il existe 12 patriarcats, 154 archevêchés et 689 évêchés : cela forme un total de 855. De ces siéges sont vacants : 3 patriarcats, 14 archevêchés et 110 évêchés. Le nombre des siéges occupés s'élève à 728, auxquels il faut ajouter 235 archevêques et évêques *in partibus infidelium ;* de sorte que la totalité des prélats s'élève à 963. Il existe, en outre, 101 vicariats apostoliques, 5 délégations et 21 préfectures pour les missions, soit en Europe, soit dans les autres parties du monde. »

— On lit dans le *Journal de Rennes* :

« On nous donne communication d'une lettre écrite de Rome par un zouave pontifical sur la mort d'un de ses frères d'armes, Joseph Éven, d'Iffendic, décédé à Velletri le mois dernier. Nous reproduisons les passages suivants de cette lettre édifiante :

« J'ai une bien triste nouvelle à t'annoncer. Joseph Éven est mort mardi dernier à Velletri, à la suite d'une inflammation d'intestins. Ses funérailles ont eu lieu mercredi. Je n'ai pu y assister, parce que je n'ai appris sa mort que le jour de son enterrement. — Je le regrette avec larmes ;

il était le dernier des quatre partis avec moi de Ploërmel...

» Vous savez tous, à Ploërmel, avec quel dévouement, quelle abnégation il était venu se consacrer au service du Saint-Siége. Sa conduite ne s'est pas démentie un moment. Il a vécu au bataillon comme il vivait à Ploërmel, remplissant ses devoirs de soldat et de chrétien jusqu'à la fin. Aussi sa mort a-t-elle été digne de sa vie : il est mort avec la résignation calme et paisible des saints. Cependant, il avait un regret, au milieu de sa soumission à la volonté de Dieu, celui de n'avoir pu verser son sang pour la cause du Vicaire de Jésus-Christ, qu'il était venu défendre....

» Avant de le rappeler à lui, Dieu l'avait bien éprouvé : il a passé l'été dernier deux mois de fièvre continue. Quelque temps avant de nous séparer à Frascati, il me disait : « Enfin me voilà rétabli. J'ai eu la pensée, si la fièvre ne me quittait pas, d'aller faire un tour au pays ; mais » c'est fini : nous resterons jusqu'à la fin , n'est-ce pas, » mon cher Toussaint ? » Certainement oui ! lui répondis-je. Nous sommes le reste des cinq partis de Ploërmel : nous appartiendrons au Pape aussi longtemps qu'il aura besoin de nous..... » — *Pocquet.*

COURRIER DES DIOCÈSES.

Diocèse de Paris. — Une place de chanoine titulaire était vacante à Notre-Dame. M. l'abbé Gabriel, curé de Saint-Merry, vient d'être appelé à cette fonction.

M. l'abbé Mége, curé de Vincennes et chanoine honoraire, est nommé, dit-on, à la cure de Saint-Merry.

— Mercredi, 7 février, a eu lieu, dans l'église de la Madeleine, la première assemblée trimestrielle du clergé du diocèse de Paris pour la *Conférence du Cas de Conscience*.

— On annonce que le R. P. Félix fera cette année, comme il a déjà fait les années précédentes, les conférences du carême de 1865 à l'église de Notre-Dame.

— Mgr l'archevêque de Paris vient de publier une circulaire prescrivant une quête en faveur des malheureux habitants de la Guadeloupe. Dans le même but, et pour venir en aide à ces infortunes qui provoquent toutes les sympathies, Monseigneur veut bien permettre qu'une messe en musique soit exécutée et suivie d'un sermon, ce qui doit avoir lieu le 19 mars, à Notre-Dame. Monseigneur présidera la cérémonie.

— Un nouveau départ pour Jérusalem, qui doit avoir lieu dans la première quinzaine de février, est organisé par les soins du *Comité des Pèlerinages en Terre-Sainte*, présidé, comme on sait, par Mgr l'Archevêque de Paris. Les demandes d'inscription doivent donc être adressées, avant le 20 courant, au secrétariat général de l'Œuvre, rue de Furstemberg, 6, à Paris.

Au point de vue sanitaire, le climat de la Palestine est tout à fait satisfaisant, d'après les dernières nouvelles.

Diocèse de Chalons. — On lit dans le *Journal de la Marne* :

« Le 17 janvier dernier, l'instituteur de la commune de Fontaine-en-Dormois, M. Langlet, fit à ses élèves, pendant la récréation du matin, la lecture du récit des désastres qui viennent de frapper notre colonie de la Guadeloupe et des souffrances inouïes qu'endurent nos compatriotes d'outre-mer.

» En apprenant d'aussi cruels malheurs et l'intensité avec laquelle le choléra sévissait et sévit encore dans notre colonie, sachant aussi que des souscriptions s'ouvraient partout en France pour venir en aide à ses malheureux habitants, ces enfants, par un mouvement spontané qui les honore, exprimèrent à M. Langlet le désir de joindre leur modeste offrande à celles qu'on a déjà recueillies.

» Le produit de la quête qu'ils ont faite entre eux s'est élevé à 5 fr. 55 c.

» C'est avec bonheur que nous enregistrons de pareils faits.

» Un tel élan de charité de la part de ces jeunes élèves trouvera, nous l'espérons, un écho dans les écoles du département. »

Diocèse de Dijon. — On lit dans *la Semaine* de Dijon :

« En l'année 1605, quelques religieuses Carmélites, sous la conduite de la Mère Anne de Jésus, compagne de sainte Thérèse, s'étaient installées à Dijon, dans une modeste maison de la rue Charbonnerie, qu'une pieuse demoiselle, nommée Jeanne Chevrier, fille d'un avocat au Parlement de Bourgogne, leur avait offerte, en les appelant dans sa ville natale. Se trouvant trop à l'étroit, elles achetèrent, en 1608, du président Jeannin, un autre emplacement sur la paroisse Saint-Jean, où se voit encore leur ancien monastère, et elles y furent conduites solennellement, au milieu de la population tout entière, qui leur servait de cortége.

» Aujourd'hui 17 janvier 1866, un spectacle du même genre nous a été donné, mais dans de plus modestes proportions. A neuf heures du matin, Mgr l'Évêque, suivi des membres du clergé, s'est rendu à la chapelle du Bon-Pasteur, où se trouvaient les nouvelles Carmélites avec les Dames qui devaient les accompagner. La procession s'est bientôt mise en marche au chant du psaume *Lœtatus sum*, pour se rendre au nouveau Carmel.

» La chapelle était pleine depuis huit heures du matin. Des places avaient été réservées à l'élite de la société dijonnaise ; le reste de la chapelle était occupé par une foule compacte que la piété et une vive sympathie avaient appelée à cette cérémonie.

» La chapelle et la maison ayant été bénites dès la veille par M. l'abbé Pillot, vicaire-général, Monseigneur a commencé aussitôt le saint sacrifice, pendant lequel on a exécuté des chants parfaitement appropriés à la circonstance. Après l'évangile, Monseigneur a adressé à l'assemblée une allocution qui, inspirée par la grandeur du sujet, a touché profondément les cœurs.

» Le soir, à quatre heures, il y a eu salut et sermon par M. l'abbé Carra, professeur au grand séminaire. »

Diocèse d'Alby. — On lit dans *la Revue Catholique*, de Castres :

« Dimanche, 21 janvier, deux sœurs de l'Immaculée-Conception, sœur Césarine Rivagran et sœur Alexis Lautard, sont parties pour la mission de Sénégambie. »

Diocèse de Lyon. — On lit dans *l'Écho de Fourvières* :

« Un père capucin s'est présenté au magasin de pharmacie-droguerie de MM. Caseneuve et Lestra, et a déposé à la caisse de cette maison la somme de 1,610 fr. 70 c., provenant d'une restitution qu'il était chargé de faire par une personne qui lui a avoué, en confession, le secret d'un détournement accompli par elle autrefois. Le bon religieux, après avoir rempli ce devoir, s'est retiré sans vouloir rien accepter.

Diocèse du Mans. — On lit dans *l'Écho du Loir* :

« Mercredi, de onze heures à une heure après-midi, un des clochetons de la tour de l'église Sainte-Colombe a été complétement enlevé de la plate-forme et précipité sur la toiture de la nef; sous le choc, la toiture et la voûte se sont effondrées, et tous ces débris sont tombés en dedans de l'église, à peu de distance du portail d'entrée. Une des fenêtres du transsept, dans le bras méridional, a été enfoncée : vitrage, meneaux et rosace de pierre, tout a été enlevé et projeté dans l'intérieur de l'église.

« A ce moment, les jeunes enfants du catéchisme étaient réunis dans ce même bras du transsept; par un hasard providentiel, aucun n'a été atteint, bien qu'ils se trouvassent directement sous la chute des décombres; des chaises, des bancs ont été brisés autour d'eux, entre eux, et tous sont sortis de cette avalanche, dont les débris pouvaient faire tant de victimes.

» Ce désastre, qui a si fort endommagé une charmante église, orgueil de la commune, a produit beaucoup d'émotion dans notre ville; on y plaint M. l'abbé Muset, curé de Sainte-Colombe, qui, après avoir dépensé tant de persévérance, tant d'énergie, fait tant de sacrifices et de démarches pour édifier ce monument, doit ajourner les améliorations et les compléments qu'il médite pour consacrer à des réparations les ressource que son zèle ingénieux allait créer. »

Diocèse de Viviers. — On annonce que Sa Majesté l'Empereur vient d'accorder à l'église de Saint-Étienne-de-Lerres (Ardèche), un magnifique Chemin de Croix, peint sur toile.

NOUVELLES DE LA CATHOLICITÉ.

— Une assemblée de dames charitables, sous la présidence de Mme la comtesse de Chasseloup-Laubat, a décidé qu'une messe en musique serait chantée en l'église Notre-Dame, dans les premiers jours de mars, et qu'une quête y serait faite au profit des victimes de la Guadeloupe. Le père Félix y fera un sermon sur la charité. De plus, un comité a été formé pour organiser une loterie au profit des victimes de notre intéressante et malheureuse colonie.

— Le clergé catholique irlandais vient de donner un grand ex mple de dignité religieuse au monde chrétien. Le *Times*, et quelques autres journaux anglais, proposaient de mettre le clergé catholique d'Irlande sur le même pied que le clergé anglican et de lui voter de riches dotations. Ces propositions ont été rejetées avec indignation par les hauts dignitaires de l'église catholique irlandaise.

— Dans son audience du 26 janvier dernier, la sixième chambre du tribunal correctionnel de la Seine, présidée par M. Cassemiche, s'est occupée d'une bien triste affaire. Il s'agissait d'un très mauvais livre, ayant pour titre : *Les Évangiles annotés*, par P. J. Proudhon. Les deux libraires qui avaient mis en vente cet ouvrage ont été condamnés, chacun et solidairement, à 1,500 francs d'amende, et l'un d'eux, en outre, à une année d'emprisonnement. Quant à l'imprimeur, il a été condamné à trois mois de la même peine et, de plus, solidairement avec les libraires, à une amende de 300 francs. La suppression et la destruction des exemplaires saisis de l'ouvrage en question et de tous ceux qui pourraient l'être ultérieurement a été ordonnée. Le texte du jugement relate différents passages de ce livre infâme. En présence des monstruosités horribles qu'ils contiennent, on ne saurait trop applaudir aux mesures de répression ordonnées par le tribunal correctionnel.

— Son Éminence Monseigneur le cardinal de Bonnechose, archevêque de Rouen, vient d'avertir MM. les curés de son diocèse que l'emploi du gaz ne doit servir que pour l'éclairage de l'église, et non pour l'autel, dans les cérémonies du culte l'usage de la cire étant seul autorisé.

La même circulaire dit enfin que les appareils doivent avoir une forme grave, et ne ressembler en rien à ceux dont on se sert dans les réunions mondaines.

En parlant des lumières prescrites pour le culte, le prélat rappelle les prescriptions du rituel de Rouen, publié sous un de ses prédécesseurs, le cardinal Charles Ier de de Bourbon (1550-1582).

— On écrit de Saint-Pétersbourg, le 25 janvier, à *l'Union* :

« Les journaux s'occupent beaucoup du projet de réunion de l'Église russe avec celle d'Angleterre. Il est, en effet, très-curieux, mais je n'ai pas besoin de vous dire que je ne fonde aucun espoir sur tout ce qui peut être tenté dans le faux. Les Anglais s'imaginent par là jouer un mauvais tour à l'Église romaine. Au fond, le clergé russe, étant habitué à ne recevoir que des humiliations, se rengorge à la vue de gentlemen lui tendant la main, et ceux-ci, dans l'espoir d'une bonne affaire, se résignent à salir une paire de gants. Cependant, le docteur Pusey a prononcé un discours vraiment remarquable dans le meeting que je vous ai signalé. Il veut que la réunion se base sur le concile de Florence. Qu'il accepte aussi celui de Trente, et tout sera dit.

— *La Semaine liturgique*, de Poitiers, publie une lettre de M. P. Boissard, missionnaire apostolique en Cochinchine. Nous extrayons de cette lettre ce qui suit :

« Le lieu où je demeure en ce moment n'est pas des plus paisibles. Les mandarins se moquent du Roi, qui semble protéger ou plutôt tolérer les chrétiens ; ils se moquent pareillement des Français, dont ils sont éloignés de deux cents lieues. Aussi se mêlent-ils de vouloir faire du zèle en suscitant aux chrétiens mille tracasseries. Ils se servent du plus petit prétexte pour frapper du rotin ceux qui leur semblent coupables. Un de ces mandarins, qui porte la rage du catholicisme dans le cœur, a fait étendre à terre une croix de bambou, pour forcer les chrétiens à la fouler aux pieds quand ils entreraient chez lui pour affaire de commerce ou de justice. Ce même mandarin subalterne a fait détruire dernièrement quatre de nos églises, publiant partout que les chrétiens s'y rassemblent pour fomenter la révolte. Quand il va faire quelques aumônes d'usage aux plus nécessiteux, il fait venir devant lui les pauvres parmi les chrétiens, leur commande de fouler la croix, sinon ils n'auront aucune part à ses (mesquines) largesses.

» Tout cela se passe sous les yeux des grands mandarins qui demeurent à un kilomètre de ma case de paille. »

— S. M. l'Empereur vient, assure-t-on, d'accorder le titre d'Altesse à Mgr le prince Lucien Bonaparte, protonotaire apostolique de N. S. P. le Pape Pie IX.

Le prince Lucien Bonaparte est deux fois Bonaparte ;
il l'est d'abord par son père, qui était le fils de Lucien,
prince de Canino, frère de Napoléon Ier, et par sa mère,
la princesse Zénaïde, fille de Joseph Bonaparte.

— On annonce que M. l'abbé Liszt doit faire un long
séjour à Paris. Son arrivée est fixée au commencement du
mois de mars. Il doit diriger les répétitions et exécutions
de compositions diverses. On cite, notamment, la messe
dite du *Couronnement*, qui sera exécutée à Saint-Eustache,
au profit de *l'Œuvre des Écoles*.

— Le journal *le Monde*, dans une lettre qui lui a été
adressée de Londres, donne quelques détails intéressants,
dont voici le résumé :

« Le dimanche 14 janvier se terminait, dans l'église de
Saint-Pierre de Hatton Wall, la neuvaine de l'Épiphanie,
inaugurée à Londres d'après les usages établis à Rome.
Pendant neuf jours il y a eu des sermons en toutes les
langues, et une multitude d'auditeurs se succédaient pour
entendre la parole de Dieu, chacun dans la langue de
son pays. Les messes étaient successivement célébrées
avec une grande pompe par des religieux des divers
ordres établis en Angleterre. Voici les noms des prédicateurs :

Pour les Italiens : Le Rév. Raphaël Melia, D. D.

Pour les Anglais : Mgr Morris, Évêque de Troie *in partibus infidelium* : le Rév. chanoine Oakeley ; le Rév. P.
Pius (Passionniste) ; le Rév. P. Best, de la Congrégation
de l'Oratoire.

Pour les Allemands : Le Rév. Kirner, D. D.

Pour les Polonais : Le Rév. P. Podlaski.

Pour les Espagnols : Le Rév. P. Vizcarra, supérieur
des Carmes.

Pour les Français : L'abbé Roullin, supérieur des religieuses de Jésus et directeur des étudiants anglais.

Le dimanche 14, après le dernier sermon français, fut établie dans l'église italienne l'Archiconfrérie du Saint-et-Immaculé-Cœur-de-Marie, en union avec l'Archiconfrérie de Notre-Dame-des-Victoires, de Paris. Mgr Grant, Évêque de Southwark, a assisté à plusieurs cérémonies pendant cette neuvaine. S. G. Mgr l'Archevêque de Westminster fit la clôture de cette octave par un magnifique discours, suivi d'une bénédiction papale, du *Te Deum* et d'un salut solennel.

Pour toutes les Nouvelles :

J.-J. ROUS.

VARIÉTÉS

LE
VANDALISME LITTÉRAIRE

—

VICTOR HUGO

ET

L'ÉCOLE ROMANTIQUE

I

Si l'immortalité ne s'acquiert qu'au prix de grands labeurs ou de grandes vertus, qui la réclamera comme devant lui appartenir ?

Sera-ce celui qui n'aura reculé devant aucune infamie, qui aura renié son Dieu, trahi sa foi politique ?

Sera-ce, au contraire, celui qui, resté fidèle à ses croyances, se sera élevé assez haut pour que les tempêtes humaines ne puissent l'atteindre ; et, de là, contemplant toutes nos misères, les yeux remplis de larmes, aura prié pour ceux qui blasphèment, demandé grâce pour ceux qui maudissent, et répandu, sur tous, les rayons bienfaisants d'une lumière qui s'allume au foyer divin?

Lequel, de celui-ci ou de celui-là méritera les honneurs du triomphe?

Auquel des deux reviendra la véritable part de gloire?

Le poëte n'est grand qu'à la condition de ne pas faillir ; il n'est roi qu'autant que sa couronne n'a point été souillée, qu'autant que son âme est restée noble ; qu'autant, enfin, que son cœur a souffert et aimé !

Mais il est un mal dont beaucoup de poëtes sont atteints, un mal qui les ronge et dont ils déclarent accepter et supporter stoïquement les tortures ; ils s'en enorgueillissent et nous en font part dans leurs écrits.

Ce mal prend sa source dans l'envie, cette plaie de l'intelligence, gangrénée, hideuse, qui leur fait mépriser le modeste écrivain dont ils redoutent le talent incontestable, et duquel ils cherchent à éloigner le cortége des adulations.

Car les adulations ne sont dues qu'à eux, rien qu'à eux.

Ils considèrent l'esprit de leur temps comme un vaste domaine peuplé d'âmes dont ils veulent se faire les conducteurs.

Rien ne leur coûte : pamphlétaires orduriers, journalistes sans patriotisme, sans foi politique, publicistes cyniques, ils se vautrent dans toutes les immondicités; ils vont jusqu'à mettre à l'encan la conscience publique, car c'est là le chemin qui mène au trône sur lequel ils iront s'asseoir...

Et ces luttes, ces tiraillements, ces folies de l'esprit, ce dévergondage de la raison, ces doutes, ces négations, ces lâchetés, cette prostitution morale, cette orgie des âmes, ces ténèbres dans lesquelles le siècle semble vouloir se plonger, tout cela n'est que le résultat d'une espèce de littérature qui hurle, blasphème et distille le poison par toutes les pages de ses livres.

Cependant la part du poëte est belle ! Comme le prêtre il a charge d'âmes. Dieu, en lui accordant le génie, lui a donné pour mission de prophétiser, d'encourager, de soutenir, de défendre, de se sacrifier. Il est le dispensateur de la nourriture que réclament les intelligences et dont elles ne se déclareront jamais rassasiées ; il évoque le passé, et le passé se dresse debout, devant lui, prêt à répondre à tout ce qu'il lui demandera ; il plane sur le présent avec le vol de l'aigle, sans que rien ne lui échappe de nos vices et de nos vertus, de nos croyances et de nos doutes ; il soulève un coin du voile derrière lequel se cache l'avenir, et il peut compter les étapes que sont appelées à parcourir les générations à naître. Cette mission est sublime, et le ciel en est la récompense.

Mais beaucoup, et des meilleurs, aiguillonnés par l'ambition, poussés par l'orgueil, s'écartent de la route tracée par le doigt de Dieu, et préfèrent à la modeste obscurité, à la paix de la conscience, au calme de l'esprit, à la douce satisfaction du devoir accompli les agitations sans fin, les entraves, les combats de tous les jours, les désespoirs farouches, la soif inextinguible d'une gloire toujours contestée, et je ne sais quoi encore. . . . .
. . . .
. . . .

Victor Hugo est de ceux-là.

Comme poëte on doit l'admirer, comme philosophe on doit le plaindre, comme homme *politique on doit le mépriser.*

Le printemps de sa vie est un soleil, son âge mûr une longue éclipse et sa vieillesse ténèbres. Après avoir chanté comme un ange, il blasphème comme un démon; hier c'était un aigle, aujourd'hui c'est un hibou.

On l'appelle *Maître*.

Maître de quoi?

De *l'École romantique*.

Cette école, comme chacun sait, a forcé la porte des théâtres, et porté sur la scène ce qu'on pourrait appeler le débraillé littéraire. Le drame en vers a chassé la tragédie; le bon goût a disparu, et cela ne pouvait être autrement, le langage n'étant plus le même.

Issue d'une révolution, cette école voulut tuer le passé, car on tue à coups de plume comme à coups de sabre, et elle n'eut pas honte de s'attaquer à nos grands classiques : Racine, Corneille!

Et pendant que la *génération naissante*, composée de ces hommes et de ces femmes qu'on n'ose pas nommer, applaudissait à quelque chose d'échevelé, de dévergondé, de monstrueux, d'hybride, l'école romantique, tapageuse, railleuse, hâbleuse, traitait de perruques les vrais immortels.

Perruques, soit! les coiffures à la Titus n'étaient pas de mode alors; mais les perruques qui ont créé *Phèdre*, *Andromaque* et *le Cid* sont, à mon avis, bien au-dessus de l'auteur des *Burgraves* et de *Tragaldabas*.

II

Le soi-disant flambeau de la philosophie moderne n'a jamais éclairé que de pâles fantômes, et, quoi qu'on dise, ces fantômes qui se meuvent dans les bas-fonds du corps social sont condamnés à y rester sans jamais pouvoir en sortir; c'est le purgatoire de l'orgueil, le lieu de réprobation de tous les rénégats, de tous les corrupteurs, de tous les insulteurs!

Il arrive parfois que, soudain, un bruit se fait autour d'eux, et que ce bruit, arrivant jusqu'à nous, vient nous troubler dans notre paisible adoration du beau et du vrai; mais ce bruit s'éteint bien vite, car il est aussitôt étouffé par cette sublime, cette immense harmonie qui monte de la terre au ciel, par ce cantique de six mille ans que la nature chante à son créateur, l'homme à son Dieu.

Le Progrès dans le siècle, tel que le comprennent les libres-penseurs et tel qu'ils le désirent, c'est le chaos dans les âmes, c'est l'humanité qui boite en marchant, c'est le découragement, la torpeur, l'inertie. Ce n'est ni le doute ni la croyance, et c'est l'un et l'autre; c'est un ballon qui se gonfle sans pouvoir s'élever, un cri de rage et d'impuissance, une langue avec des mots impurs; c'est le commencement d'une tour de Babel que Dieu ne laissera pas monter aussi haut que la première.

La réclame a vanté le dernier roman de Victor Hugo, *les Misérables*, et elle les a donnés comme le pendant de *Notre-Dame de Paris*, cette soi-disant résurrection du moyen âge, ce chef-d'œuvre des chefs-d'œuvre, ce géant des livres devant lequel toutes les autres œuvres pâlissent et se prosternent.

Pas plus que *les Misérables*, *Notre-Dame de Paris* n'est une œuvre capitale. Les créations de Victor Hugo sont trop forcées pour être vraies. Cherchez le beau, vous le trouverez dans le laid; cherchez le laid, vous le trouverez dans le beau. Ce sont d'épouvantables énigmes! Le démon est un ange, l'ange un démon ; le soleil est en bas, les ténèbres en haut. C'est tout ce qui n'est pas : Dieu dans l'abîme, Satan au ciel !

Si *Notre-Dame de Paris* a fait grand bruit à son apparition, s'en est-on souvenu longtemps?... On la réédite à cette heure, on l'illustre, on la met en vente dans un format populaire, pour la modique somme de deux sous la livraison... En entendez-vous beaucoup parler? Hélas! non. Cette dernière édition ira dormir sur l'étagère poudreuse de la mansarde de l'ouvrier, oubliée, perdue !

C'est le sort de toutes les productions du romantisme : elles sont si nombreuses, elles se succèdent si vite, les unes aux autres, qu'une œuvre n'est aujourd'hui viable que lorsqu'elle se tient loin des sentiers battus par cette armée de la plume qui détruit le lendemain ce qu'elle édifia la veille.

Notre-Dame de Paris! beau et vaste sujet ; vrai trésor qui s'offrait au poëte et dans lequel il pouvait puiser à pleines mains.

Les Croisades venaient de se terminer à peine; une émancipation se faisait sentir : elle avait pris sa source dans les mouvements des nations de l'Europe se jetant, comme un seul homme, sur l'Orient dont elles avaient rêvé la conquête. Mais, à l'état d'éclosion, elle n'était comprise que par les lettrés d'alors qui ne la révélaient au peuple qu'insensiblement ; et la société se préparait ainsi à la liberté, sans secousses, dans le travail et la prière.

C'était l'époque des fortes croyances et des grandes vertus.

Non! les sombres figures que l'imagination du romancier fait surgir du quinzième siècle avec des passions qui hurlent et mordent, des voluptés qui saignent et brûlent, des monstres à visages humains qui grouillent et se vautrent dans le vin et le sang... tout cela n'est pas vrai!

Claude Frollo, type hideux d'un prêtre plus hideux encore ; *la Esmeralda*, type de l'ange rêvé et de la Vierge folle ; *Quasimodo*, type de la laideur physique et de la beauté morale, tout jusqu'à Louis **XI**, tout est faux, repoussant. Ce n'est pas de l'histoire, c'est du délire, une fantasmagorie horrifiante!

Il n'est point permis de voir, sous le règne de Louis **XI**, une société frappée de lèpre, un peuple sans pudeur, incapable d'un bon mouvement, acceptant le despotisme comme un fait naturel, et luttant contre ce despotisme avec l'aveuglement de la tourbe romaine, pour un caprice qui veut être satisfait : soit qu'on lui fasse tort d'une pendaison ou d'un mystère.

Ce n'est pas au moment où la France commence à fonder son unité politique, où elle se sent vivre, où elle sent battre son cœur pour la première fois, ce n'est pas en un pareil moment qu'elle se montrera à l'historien avec les vices des nations en décadence. L'imprimerie, ce sublime élan de l'intelligence, ne devait pas absorber dans les splendides clartés de ses rayons les magnifiques pages de pierre écrites avec la truelle et le mortier de la foi, scellées au cachet d'un génie dont nous nous faisons les copistes... et quels copistes!

Il y avait autre chose à voir, sous le règne de Louis **XI**, qu'une cathédrale menacée de destruction, non par la matière aveugle, mais par l'esprit conquérant.

Pourquoi ce misérable archidiacre, chez lequel grondent les plus terribles passions : alchimiste qui croit au diable, prêtre qui renie son Dieu, homme qui s'ouvre le chemin de la volupté par l'assassinat?

Et cette pauvre petite *gitana*, dont il raconte si piteusement les amours et les malheurs; et ce sonneur de cloches, ignoble caricature qu'il idéalise, et qu'il accouple dans la mort à la bohémienne pendue; et les Clopin-Trouillefou, les Trufaldins, les traîne-guenilles, ces bandes de truands, beuglant et vociférant autour du géant de pierre qui semble les écouter sans les comprendre?...

Si l'auteur de *Notre-Dame de Paris* n'éprouvait pas une certaine jouissance à tracer des tableaux d'une effrayante horreur, s'il ne souriait pas aux fantômes que son imagination enfante et qu'il nous présente ensuite comme des figures historiques, voici ce qu'il eût pu faire, ce qu'il aurait fait.

Il aurait abordé franchement cette partie de notre vieille histoire, toute pleine d'intérêt, toute palpitante d'émotions vraiment grandes, et, avec le talent qu'on lui sait, il nous eût dit comment s'opéra la destruction de la féodalité et l'affranchissement complet du pouvoir royal : il nous eût raconté l'essor que prit le commerce, la naissance des manufactures qui se répandirent ensuite dans le pays, et enfin cette œuvre de révolution pacifique qui, en dotant les communes de franchises et les appelant à la vie sociale, faisait désormais du roi le chef d'une véritable nation.

C'est de Louis XI que date l'unité de la monarchie. Cette unité fut le rêve constant de l'homme dont on peut dire : mauvais fils, mauvais père... mais grand roi. C'est lui qui, le premier, fut salué du titre de Majesté, jusque-là réservé aux empereurs; il porta aussi le titre de roi très-chrétien, élevant ainsi son œuvre sur les fondements de la foi et la plaçant sous la protection de Dieu.

Voilà ce que M. Victor Hugo devait écrire. Mais il a voulu sacrifier le passé au présent, et, avec toutes les hontes qu'il lui prête, nous faire croire que nos mœurs actuelles, par leur douceur, le vernis d'éducation qui les recouvre, l'hypocrisie enfin derrière laquelle nous cachons nos vices, est le résultat du progrès accompli.... mais, qu'après tout, la *canaille* est de toutes les époques.

Fort bien dit, maître !

Mais pourquoi vos mensonges ?

Pourquoi cet outrage à la poussière d'un siècle auquel nous devons tant ?

Pourquoi cette irréligiosité de la part d'un écrivain élevé, comme vous, dans la véritable croyance ?

Pourquoi cette double apostasie : apostasie du cœur, apostasie de l'âme ?

Pourquoi cet anathème jeté d'abord sur toute une époque, puis enfin sur toute une suite de pontifes, de rois et de héros, dont les derniers successeurs vont aboutir à l'exil, à l'échafaud ?

Pourquoi la destruction de l'humble autel où, enfant, vous portâtes votre première prière ?

Pourquoi l'insulte au Dieu que vous adoriez autrefois ?

Pourquoi, enfin, cet *alea jacta est*, ce cri de révolte et de haine de l'homme tombé, qui ne veut pas s'avouer vaincu ?...

III

M. Victor Hugo nous a fait assister à un bien triste spectacle : celui de sa décadence !

Né d'un bonapartiste et d'une mère vendéenne, tout en

s'enorgueillissant d'avoir pour père l'un des généraux du César moderne, il chante *les Martyrs de Quiberon*, pleure sur les souffrances de l'enfant-roi, mort sous les coups de la tyrannie populaire, exalte *les Vierges de Verdun*, et acclame, avec enthousiasme, la restauration de la vieille monarchie française.

La naissance du duc de Bordeaux lui fait écrire de sublimes strophes, le sacre de Charles X lui arrache un magnifique cantique.

Il est royaliste.

Il défendra le trône et l'autel contre les attaques de ceux dont il professera plus tard les doctrines.

Il s'appellera l'enfant sublime !

Il aura le front dans les étoiles jusqu'au jour où, pris de vertige, il tombera pour ne plus se relever.

1830 le vit se parjurer. Il emboucha la trompette des combats de la rue, et louangea dans ses vers la populace victorieuse, cette même populace flétrie, stigmatisée autrefois par lui.

Il pactisa avec la révolution, laissant bien loin, derrière lui, un passé dont il déclara avoir honte.

Coryphée de l'émeute, l'émeute l'inspira !

Et depuis lors, marchant dans les rangs de ces Argonautes qui courent à la découverte de je ne sais quel monde chimérique, il insulte la nouvelle France impériale, et jette le mépris à ce grand monument de nos triomphes militaires, élevé à la gloire de nos armées, et sur lequel le nom de son père est gravé en lettres d'or.

Rien donc ne pourra nous paraître étrange de la part de ce Protée qui, s'insurgeant contre tout ce que nous respectons, s'attache à la glorification du Mal !

Oui, il manquait un pendant à *Notre-Dame de Paris*, et les *Misérables* tendent une main fraternelle à la hideuse saturnale du quinzième siècle, dans les ombres de laquelle s'agitent les héros de la Cour des Miracles.

Ce n'était pas assez du moyen âge vilipendé par sa plume mensongère ; ce n'était pas assez de la honte imprimée au front d'une nation en travail d'enfantement ; il fallait qu'à travers la nuit qui la sépare de cet âge lointain, notre époque, telle que l'a comprise le calomniateur des générations éteintes, avec ses hordes de forçats libérés, de filles publiques, d'assassins et de faussaires, se montrât à elles, pour leur dire à haute et intelligible voix, que non-seulement nous nous élevons au-dessus d'elles par notre savoir, mais encore par nos vices.

Le théâtre est l'école du peuple, a dit M. Victor Hugo quelque part, dans sa préface de *Cromwell*, si je ne me trompe.

De ce peuple, sans doute, véritable scorie de la société avec laquelle on fait les révolutions ; misérable catégorie pour laquelle certains dramaturges écrivent des pièces couleur de sang et qui font la grimace au Code pénal.

Si l'on jette un léger coup d'œil sur ce qu'a produit le romantisme depuis 1830, époque où il prit droit de cité à l'aide des fabricants de barricades, nous voyons l'obscénité la plus révoltante, la plus crapuleuse, se glisser d'abord dans les livres, puis sur la scène.

Alors apparaissent des drames comme la *Tour de Nesle*, avec les orgies sanglantes du passé ; comme *Antony*, avec les vices dorés du présent, où l'assassinat prétend purifier l'adultère ; comme *Robert-Macaire*, où le vol plaide contre la propriété et se moque de la Cour d'assises ; comme le *Fils de Giboyer*, où la conscience qui se prostitue guerroie contre la foi politique... et tant d'autres que je passe !

A côté de ce qui se dit à haute voix, il y a ce qui se lit

tout bas, aux heures de veillée, à la clarté douteuse de la chandelle de deux sous. Mais énumérer ce qu'a produit d'impur, cette école, et ce qu'elle produit encore, serait une espèce de réclame que je me garderai bien de faire.

Ce qui, comme œuvre magistrale, clôt le catalogue, ce sont *les Misérables*.

Voyons si ce livre répond à son titre, et si, après avoir lu, nous ne serons pas obligé de nous écrier : *Mentitas est iniquitas sibi !*

JEAN-ISIDORE ROUS.

(*La suite au prochain numéro.*)

H. MAUCLAIRE, *Rédacteur-Gérant.*

En vente chez **VICTOR PALMÉ, 25, rue Grenelle-Saint-Germain**

LES

ÉPOPÉES FRANÇAISES

ÉTUDE SUR LES ORIGINES ET L'HISTOIRE DE LA LITTÉRATURE
FRANÇAISE

PAR LÉON GAUTIER

Le tome Ier est en vente. Il forme un TOUT complet. — L'ouvrage
formera trois volumes in-8°.

Prix de chaque volume de 700 pages, imprimé chez Didot, 10 fr.

LIBRAIRIE BOUQUEREL, RUE CASSETTE, 5, PARIS.

—

AURIFODINA UNIVERSALIS

MINE D'OR UNIVERSELLE

DES

SCIENCES DIVINES ET HUMAINES

THÉOLOGIQUES ET PHILOSOPHIQUES

DISTRIBUÉE SOUS HUIT CENTS TITRES DIFFÉRENTS PAR
ORDRE ALPHABÉTIQUE.

EN CENT MILLE SENTENCES

EXTRAITES DES SOURCES SACRÉES DE L'ANCIEN ET DU NOUVEAU TESTAMENT,
ET DES SOURCES VÉNÉRABLES DES SAINTS PÈRES, DES CONCILES, DES DOC-
TEURS ET DES MEILLEURS AUTEURS PAÏENS, AU NOMBRE DE DEUX CENTS
ENVIRON.

*Ouvrage destiné à tous Religieux et Séculiers, mais surtout aux Prédicateurs,
Orateurs, Jurisconsultes, et à tous les hommes d'étude en général*

Par le R. P. ROBERT, Capucin

DE LA PROVINCE FRANCO-BELGE

NOUVELLE ÉDITION REPRODUITE DE CELLE DE 1680

Avec traduction et indication du nom de l'auteur et des titres, chapitres et versets
de l'ouvrage d'où chaque texte a été tiré

PAR UNE SOCIÉTÉ D'ECCLÉSIASTIQUES DE DIVERS DIOCÈSES

ET SOUS LA DIRECTION DE

M. L'ABBÉ ROUQUETTE, DE TOULOUSE

PRÉDICATEUR, CHANOINE HONORAIRE

APPROUVÉ PAR PLUSIEURS ARCHEVÊQUES ET ÉVÊQUES DE FRANCE ET DE L'ÉTRANGER

Et précédé d'une lettre de Mgr DUFANLOUP, évêque d'Orléans

REDRESSEMENTS HISTORIQUES

Sort de presse, la troisième édition de la première série des
**ERREURS ET MENSONGES HISTORIQUES : ** *La papesse Jeanne. — L'Inquisition. — Galilée, martyr de l'Inquisition. — Les rois fainéants. — L'usurpation de Hugues Capet. — La Saint-Barthélemy. — L'Homme au Masque de fer. — Le père Loriquet. — L'Évêque Vigile et les Antipodes.* Par CH. BARTHÉLEMY.
1 beau vol. in-12.................................... 2 fr.
Ouvrage honoré d'un bref de Sa Sainteté Pie IX.

ERREURS ET MENSONGES HISTORIQUES, deuxième série, contenant : *Calas. — Courbe la tête, fier Sicambre. — Paris vaut bien une messe. — Les lettres et le tombeau d'Héloïse et d'Abeiard. — La révocation de l'édit de Nantes. — Bélisaire. — Marie Tudor. — Les enfants de Nemours. — Philippe-Auguste à Bouvines. — Salomon de Caus.* Par CH. BARTHÉLEMY. 1 beau vol. in-12...................................... 2 fr.

ÉTUDES HISTORIQUES POUR LA DÉFENSE DE L'ÉGLISE, Par M. LÉON GAUTIER. *Ouvrage recommandé par Mgr. de Ségur.* 1 vol. in-12........................... 2 fr.

ENTRETIENS POPULAIRES SUR L'HISTOIRE DE FRANCE, par M. MATHURIN BLANCHET, vigneron à Saint-Julien-du-Sault, *publiés et mis en vente par A. Labutte.* 1 beau vol. in-12.. 2 fr.

Librairie de LÉVESQUE, rue Honoré-Chevallier, à Paris

MYSTÈRES DES CAMPAGNES

PAR

L'ABBÉ P. LABRUNE

Chanoine honoraire de Limoges, Archiprêtre d'Aubusson.

OUVRAGE APPROUVÉ PAR MONSEIGNEUR L'ÉVÊQUE DE LIMOGES

1 vol. in-18. — Prix : 2 fr.

L'ÉCOLE PRIMAIRE

RÉFORME PÉDAGOGIQUE.

Journal des écoles et des familles, compte plus de 2,000 lecteurs à son 14ᵉ numéro. Paraissant tous les jeudis, en 16 pages grand in-8°, à deux colonnes compactes. — Un an, 6 fr.; six mois, 3 fr. 50 c. Paris, rue de Fleurus, 5. — Recommandé par le Presbytère *et le* Monde.

MUSIQUE RELIGIEUSE

AMOUR AU SACRÉ-CŒUR DE JÉSUS

CHANT AU SACRÉ-CŒUR ET AU SAINT-SACREMENT, AVEC ACCOMPAGNEMENT D'ORGUE

Par l'abbé GIÉLY

Approuvé par Monseigneur l'Évêque de Valence.

1 volume grand in-8°. — Prix : 6 fr.

Ce nouveau recueil de chants sacrés est une œuvre éminente de piété. L'auteur, en le composant, a voulu, tout en observant les règles de l'art, offrir au Sacré-Cœur un acte de dévouement et de reconnaissance, et aux enfants du Sacré-Cœur un secours spécial, accessible à toutes les capacités, pour le chanter et le bénir.

Nous ne pouvons, au reste, mieux le recommander qu'en citant l'approbation de l'évêque de Valence, placée en tête du livre : « Nous avons lu les *Cantiques au Sacré-Cœur et au Saint-Sacrement* de M. l'abbé Giély. Les paroles respirent une piété qui n'ôte rien à la poésie, et la musique est écrite avec autant de science que d'inspiration.

« Nous souhaitons à ce livre le succès que méritent les œuvres sérieuses.

ÉCHO DE L'AME PIEUSE

DANS LES SANCTUAIRES DE MARIE

CHANTS A LA SAINTE VIERGE, AVEC ACCOMPAGNEMENT D'ORGUE

Par l'abbé GIÉLY

auteur des cantiques *Amour au Sacré-Cœur de Jésus*

Approuvé par NN. SS. les Évêques de Valence, d'Alger et de Saint-Brieuc.

Deuxième Édition augmentée

1 vol. grand in-8°. Prix : 8 fr. — LE MÊME, paroles seules. 1 vol. in-18. Prix : 60 c.

L'auteur des cantiques *Amour au Sacré-Cœur de Jésus* a publié un beau volume de *Cantiques à la sainte Vierge*. Comme le premier, ce recueil a été accueilli avec bonheur par tous les enfants de Marie. La première édition a été épuisée en un mois.

« Ces cantiques, dit Mgr l'Évêque de Saint-Brieuc, ne sont pas seulement les *échos d'une âme pieuse*, ils sont aussi le fruit d'une science musicale sérieuse et variée.

« Je suis heureux de mettre mon approbation au bas d'une œuvre qui fera glorifier Dieu, en montrant une fois de plus que la piété est la meilleure source d'inspiration pour le talent. »

EXIL ET PATRIE

NOUVEAUX CANTIQUES A MARIE

Suivis de Chants religieux pour l'Élévation et la sainte Communion, avec les airs notés en parties, à l'usage des paroisses et des communautés religieuses.

2ᵉ édition. — Approuvé par S. E. Mgr le Cardinal de Bonald.

1 volume grand in-18. — Prix : 3 fr.

MÉLANGES LITTÉRAIRES

EXTRAITS DES PÈRES LATINS, AVEC TRADUCTION EN REGARD

OUVRAGE POSTHUME

De l'Abbé J. M. S. GORINI

Auteur de *la Défense de l'Église*

Publiés avec l'approbation de Mgr l'Archevêque d'Avignon

Et sous les Auspices de NN. SS. les Archevêques et Évêques
de *Paris, Bordeaux, Aix, Tours, Montpellier, Nîmes, Valence, Viviers, Orléans,
Poitiers, Belley, Marseille, La Rochelle, Digne, Annecy, Alger,* etc., etc.

---

4 vol. in-8° — Prix net : 28 fr.

Les 2 premiers vol. ont paru. | On fait la remise en exemplaires : 6/5 et 13/10

Le public ignorait que le livre (la *Défense de l'Église*), dans lequel l'abbé Gorini a si victorieusement combattu les erreurs de nos historiens modernes, n'est, pour ainsi dire, qu'un accident et un épisode dans ses longues et consciencieuses études. L'œuvre capitale et de prédilection à laquelle il a consacré et usé sa vie, et dont il ne s'est écarté un moment que pour voler à la *Défense de l'Église*, ce sont ses *Mélanges littéraires*, qu'une mort prématurée ne lui a pas permis de publier, et que nous pourrions intituler aussi ses *Mémoires d'outre-tombe*.

Le livre de l'abbé Gorini est une histoire des lettres et de la société au moyen âge. En suivant l'ordre chronologique, il a remis devant les yeux du public le double tableau des lettres et de la société, de leurs jours prospères et de leur décadence. Il ne s'est pas borné à faire un choix pur et simple de la littérature des Pères ; il n'a pas seulement désiré instruire la jeunesse, mais intéresser les penseurs. Chaque Père a sa notice biographique, et chaque époque quelques pages préliminaires où sont indiqués en peu de mots les principaux faits politiques et religieux, les hérésies, les conciles, l'état des langues vulgaires, des lettres profanes, de la littérature ecclésiastique chez les Grecs, et un jugement sur la vie intellectuelle de cet âge. Avec un cadre si bien tracé, le lecteur retrouve, entourés de toutes les circonstances au milieu desquelles ils écrivaient, les personnages qui passent devant ses yeux. Tel est en deux mots le gigantesque travail de l'abbé Gorini, qu'il aurait eu le plaisir de publier lui-même, s'il n'avait voulu donner en même temps la traduction des Pères latins dont il avait fait le choix. Il en avait déjà achevé une partie, lorsque la mort vint l'enlever. M. l'abbé Martin, ancien vicaire général de Troyes et d'Avignon, à qui la famille avait confié ses manuscrits, s'est chargé du soin de terminer la traduction ; il a voulu ainsi payer un pieux tribut à la mémoire d'un ami et d'un ancien collègue dans l'enseignement, et s'associer par le désir à son zèle pour la gloire de l'Église et des saintes lettres, en sauvant de l'oubli l'ouvrage qui fut l'œuvre de ses savantes veilles.

Librairie FÉLIX GIRARD, rue Cassette, 5, à Paris

ANNALES

DU

SAINT-SACREMENT

PUBLIÉES AVEC L'APPROBATION

De S. E. Mgr le Cardinal-Archevêque de Lyon

ET HONORÉES D'UN BREF DE S. S. LE PAPE PIE IX

8ᵐᵉ année — 1865-1866

Les *Annales du Saint-Sacrement* ont commencé avec le mois de juillet leur huitième année d'existence; elles comptent aujourd'hui plus de quinze mille associés, au nombre desquels se trouvent des prélats illustres et des hommes éminents dans l'Église, qui prêtent à cette œuvre tout le concours de leur zèle et de leur talent.

Le Bref dont Sa Sainteté le Pape Pie IX a honoré les *Annales*, et les indulgences qu'il accorde aux associés, ne peuvent manquer d'exciter encore le zèle des chrétiens en faveur d'une œuvre destinée à entretenir et à répandre la première et la plus importante de toutes les dévotions.

Les *Annales du Saint-Sacrement* paraissent régulièrement chaque mois, en une livraison de 36 pages in-18, avec couverture imprimée, et forment à la fin de l'année un beau volume de 432 pages.

CONDITIONS DE LA SOUSCRIPTION

Le prix de la souscription est seulement de 10 cent. par mois, soit, par an, 1 fr. 20 c. pris au bureau, ou 1 fr. 50 c. par la poste.

On ne souscrit que par dix abonnements à la fois.

Les années déjà parues forment 7 volumes in-18 de 432 pages, au prix de 10 fr. 50 c.

Chaque volume se vend séparément.

Paris. — Typ. Morris et Comp., rue Amelot, 64.

www.ingramcontent.com/pod-product-compliance
Ingram Content Group UK Ltd.
Pitfield, Milton Keynes, MK11 3LW, UK
UKHW022117070726
13613UKWH00003B/1124